실크산업

박이택

19

도서출판 해남

실크산업

초판1쇄 인쇄 2025년 9월 23일
초판1쇄 발행 2025년 9월 30일

저 자 박이택
발행인 노현철
발행처 도서출판 해남

출판등록 1995. 5. 10 제 1-1885호
주 소 서울특별시 마포구 마포대로8길 9 영명빌딩 405호
전 화 739-4822
팩 스 720-4823
이 메 일 haenamin30@naver.com
홈페이지 www.hpub.co.kr

ISBN 978-89-6238-819-0 93320

이 저서는 2021년 대한민국 교육부와 한국학중앙연구원(한국학진흥사업단)을 통해 K학술확산 연구소사업의 지원을 받아 수행된 연구임(AKS-2021-KDA-1250002).

머리말

"한국경제 시민강좌" 시리즈 제안을 받고 어떤 내용을 쓸 수 있을지 고민해 보았다. 대학원에 진학하여 한국경제사를 공부한 지 거의 40년이 되어 가는데, 주로 공부한 시기는 조선 후기와 식민지 시대이어서, 20세기 후반에 대해서 쓴 논문은 몇 편 되지 않는다. 조선 후기와 식민지 시대도 시야에 넣으면서 20세기 후반의 변화를 조감할 만한 주제로 쓰고 싶었는데, 20세기 후반을 대상으로 해서 썼던 기존 논문의 주제들은 이에 부합하지 않았다.

제안 받을 당시 저자는 2024년에 출간된 『한국경제사』의 식민지 시대 집필을 담당하고 있었다. 식민지 시대를 집필하면서 기존 연구로는 부족한 부분이 있어 새로운 연구를 몇 가지 하였는데, 그중 하나가 2023년에 경제사학에 게재한 「식민지 조선의 양잠업: 성장의 원천과 특질」이라는 논문이다. 식민지 시기에 한국의 농업은 미곡단작화가 이루어지고 있었다고 보는 것이 일반적인 이해이다. 미곡의 상당수는 지주들이 수취하였고, 이 지주미는 대부분 일본에 이출하고 있어서, 소작료로 납부한 미곡을 제외하면 농민 경제에서 미곡이 차지하는 비중은 생각보다 크지 않았다. 식민지기에 농민 경제는 복합 경영으로 발전하고 있었는데, 미곡단작화 주역으로서의 식민지 지주제에 가려 제대로 조명을 받지 못하였다. 식민지기 농민 경제가 복합 경영으로 발전하는 것을 가장 잘 보여 주는 것이 양잠업이었기 때문에, 양잠업의 발전 실태를 구명하여, 농민 경제의 복합 경영으로의 발전을 드러내 보고자 하였다.

식민지기 한국의 양잠업을 공부하면서, 한국 농민 경제가 복합 경영으로 발전하는 양상은 당시 일본 농민 경제가 복합 경영으로 발전하는 양상과 사뭇 달랐음을 알게 되었다. 한국의 양잠농가는 양잠 경영 규모가 일본의 양잠농가에 비해 영세하였으며, 전용 잠실을 가진 양잠농가도 거의 없었다. 이와 같은 한국 양잠농가의 특질은 1940년대에 이르기까지 해소되지 않았다. 이와 같은 특질이 해방 이후에도 여전히 존속하였는지 아니면 변화하였는지

추적해 보고 싶은 생각이 있었으며, 만약 변화하였다면 어떤 요인이 중요하였는지를 구명해 보고 싶었다. 이 점에 초점을 두고 해방 이후 양잠업의 변화를 고찰하고, 이 연구 결과를 식민지기 양잠업에 대한 연구에 보태서, 한국 양잠업의 장기적인 변화를 보여 준다면, 한국 경제에 대한 시민들의 이해에 일조할 수 있을 것이라는 생각이 들어, 한국의 양잠업을 집필 대상으로 삼게 되었다.

이 자리를 빌어 이 프로젝트에 참여할 수 있는 기회를 주신 서울대학교 조영준 교수와 이 저서를 읽고 자상하게 개선할 사항을 지적하여 주신 두 분의 감수위원에게 감사드린다. 조영준 교수는 책의 제목을 양잠업보다는 실크산업으로 하는 것이 더 좋겠다는 제안을 하였고, 저자도 그렇게 하는 것이 좋겠다고 생각하여, 제목을 실크산업으로 하게 되었다. 그리고 책을 잘 만들어 주신 도서출판 해남의 편집자분들께도 감사드린다.

2025. 9

박이택

차례

3 두 번째 고도성장: 1960~1976

들어가며

20세기에 한국의 잠사업•은 두 차례의 고도성장기를 가졌다. 첫 번째 고도성장은 식민지기에 일어났으며, 두 번째 고도성장은 1960년대와 1970년대 전반에 걸쳐 일어났다. 잠사업 생산 규모의 추이를 가장 잘 대변하는 지표인 누에고치 생산량의 증가율을 살펴보자. 한반도 전체의 누에고치 생산량은 1910년에 442.2톤이었는데, 1940년에는 2만 2,715.9톤으로 1910년 대비 51.4배 증가하여, 연평균 성장률은 14%에 달하였다. 두 번째 고도성장의 시발기인 1960년에 남한의 누에고치 생산량은 4,599.1톤이었는데, 1976년에는 4만 1,704톤으로 1960년 대비 9.1배 증가하여, 연평균 성장률은 14.8%에 달하였다.

잠사업: 제사업, 양잠업, 상묘생산업, 잠종제조업을 통칭하는 용어.

잠사업의 두 차례 고도성장은 몇 가지 공통점을 가지고 있다. 첫째, 수출산업으로 성장하였다는 점이다. 둘째, 잠사업이 발전하기 위해서는 잠종제조

잠종제조업: 누에씨(잠종)를 생산하는 산업.

상묘생산업: 뽕나무 묘목을 생산하는 산업.

양잠업: 뽕잎을 먹여 가며 누에를 키우는 산업.

제사업: 누에고치로부터 실을 만들어 내는 산업.

업●, 상묘생산업●, 양잠업●, 제사업● 간의 긴밀한 조정과 균형 있는 성장이 필요한데, 이와 같은 조정에 정부가 중심적 역할을 하였다는 점이다. 셋째, 생산성 향상이 높은 성장률을 밑받침하였다는 점이다. 넷째, 고도성장 이후에는 모두 심각한 침체기를 경험하였는데, 수출시장 축소와 그에 따른 수익성 감소가 침체를 야기한 주 요인이었다.

20세기 초 한국은 일본 제국에 강제적으로 병합되어 일본 제국의 요구에 부합하는 방식으로 경제 재편이 일어났는데, 식민지 지주제의 발전과 미곡단작화의 진전은 그와 같은 변화를 대변하는 것으로 이해되었다. 그리고 해방 후에 일본 제국 경제권은 붕괴되고, 농지개혁도 진행되면서, 전전과는 상이한 농업 발전의 경로를 거쳤다고 보는 것이 일반적이다.

그러나 20세기 전반 한국 농업에서 일어난 변화는 식민지 지주제의 발전 및 미곡단작화의 진전으로만 요약할 수 없다. 농민들이 생산한 미곡의 상당량은 소작료로 지주가 수취하였다. 소작료로 납부한 미곡을 제외하면 농민 경제에서 미곡이 차지하는 비중은 생각보다 크지 않았다. 식민지기에 농민 경제는 미곡 이외의 다른 수익성 있는 작물을 재배하고 비농업 수입을 증대하기 위한 노력을 수행함으로써 복합 경영으로 발전하고 있었는데, 미곡 단작화 주역으로서의 식민지 지주제에 가려 제대로 조명 받지 못하였다. 20세기 전반 농민 경제의 복합 경영으로의 발전은 해방 이후 농지개혁에 의한 지주제의 해체 이후에 보다 강화되었다. 농지개혁 이후 한국의 농민 경제의 발전을 제대로 파악하기 위해서도 20세기 전반 농민 경제의 복합 경영으로의 발전에 대한 연구를 심화할 필요가 있다.

20세기 한국의 잠사업은 한국의 농민 경제의 복합 경영으로의 발전에 대한 이해를 심화시킬 수 있는 좋은 소재이다. 이 책은 잠사업을 통해 한국 농민 경제의 복합 경영으로의 발전 및 그 특질을 파악하는 것에 역점을 둔다. 잠사업의 발전을 제대로 구명하기 위해서는 잠종제조업, 상묘생산업, 양잠업, 제사업 모두에 대해 심도 있는 고찰을 하여야 하지만, 여기에서는 잠사업 중 농민 경제의 복합 경영으로의 발전에서 가장 중심적인 지위를 차지하고 있는 양잠업에 초점을 맞춘다. 잠종제조업, 상묘생산업, 제사업은 양잠업의 변화를 고찰하는 데 필요한

범위로 제한하여 고찰한다.

이 책의 구성을 간략하게 소개하여 둔다. 제1장은 잠사업의 특성과 장기적 추이에 대해 고찰한다. 제2장에서는 첫 번째 고도성장기인 식민지 시대 잠사업의 성장에 대해 고찰한다. 제3장에서는 두 번째 고도성장기인 1960년대와 1970년대 전반의 잠사업의 성장을 고찰하는데, 그 이전 국면으로서 해방 이후부터 고도성장이 일어나기 이전까지의 침체기와 그 이후 국면으로서 1970년대 후반 이후의 침체기에 대해서도 간략하게 살펴본다.

1

잠사업의 특성과 장기적 추이

- 잠사업의 공급망 구조와 산업생태계
- 유럽과 아시아의 분업 및 아시아 간 경쟁
- 한국의 잠사업의 장기적 추이

잠사업의 공급망 구조와 산업생태계

인류는 오래전부터 비단옷을 입었다. 비단옷을 만드는 소재는 생사이다. 생사는 누에고치로부터 뽑아낸 실이다. 누에고치로부터 실을 만들어 내는 것을 제사업이라고 한다. 제사업에서 사용되는 누에고치는 누에씨에게 뽕잎을 먹여 키워 얻는다. 뽕잎을 먹여 누에를 키우는 것을 양잠업이라고 한다. 뽕잎은 뽕나무로부터 얻는다. 뽕나무는 대체로 양잠농가가 뽕나무 묘목을 심어 키운다. 뽕나무 묘목을 생산하는 산업을 상묘생산업이라고 한다. 양잠농가가 키우는 누에씨를 생산하는 산업은 잠종제조업이라고 한다. 잠사업은 통상 이 네 산업, 즉 제사업, 양잠업, 상묘생산업, 잠종제조업을 통칭하는 용어이다. 때로는 견방업•을 잠사업에 포함시키는 경우도 있다. 이 4가지 또는 5가지 산업을 잠사업 또는 양잠업으로 통칭하였던 것은, 분업이 별로 발전하지 않았을 때인 전근대 시기에는, 양잠농가가 이 일을 모두 하였기 때문이다.

견방업: 부잠사(副蠶絲)로 견방 제품을 만드는 산업.

조선시대까지 잠사업은 양잠업, 제사업, 상묘생산업, 잠종제조업으로 거의 분리되지 않고, 농가에

잠종: 누에씨.

상묘: 뽕나무 묘목.

기계제사: 통상적으로는 좌조제사와 자동제사의 중간 기술 단계인 생사생산법을 지칭하지만, 자동제사 단계를 포함하기도 한다.

서 일관적으로 수행되었지만, 개항 이후 우량 잠종과 우량 상묘가 도입되고, 양잠 기술이 발전하고, 기계제사가 도입되면서, 잠사업을 구성하는 각 산업은 각각 독자적인 산업으로 분화되어 갔다.

20세기 들어 한국은 세계 3, 4위 잠사국의 지위를 차지하기도 하였는데, 한국의 잠사업이 국제적인 경쟁력을 확보할 수 있었던 것은, 양잠업, 제사업, 상묘생산업, 잠종제조업이 각각 분화되어 각 업종이 효율적인 형태로 되었을 뿐만 아니라 이들 간의 거래에 내재할 수 있는 문제, 예컨대 자물쇠 효과 등을 효과적으로 해결할 수 있는 산업생태계와 그것을 지지하는 제도적 체계가 마련되었기 때문이었다. 이 책은 잠사업을 구성하는 여러 업종이 어떻게 분화되어 효율적인 생산 체계를 갖추어 갔는지, 수직적으로 긴밀하게 연결되어 있는 각 업종이 시장을 매개로 한 분업 체계로 변화되었을 때 발생하는 문제들을 어떻게 해소하였는지, 양잠농가의 추이와 경영실태는 어떻게 변화되고 있었는지에 초점을 맞추어 20세기 한국의 잠사업의 역사를 고찰하고자 한다.

유럽과 아시아의 분업 및 아시아 간 경쟁

20세기 잠사업은 많은 나라에서 내수산업이 아니라 수출산업으로 발전하였다. 잠사업은 노동집약적 산업으로 저임금 노동을 경쟁의 원천으로 삼고 있는데, 잠사업의 산물인 비단은 값비싼 의류여서 상대적으로 고소득 국가에서 큰 수요가 있었기 때문이다. 잠사업은 고소득 국가의 수요를 공략하는 저임금 국가의 수출산업으로 발전하였다.

잠사업의 기축을 이루는 양잠업은 연중 항상적으로 행해지는 것이 아니라 봄이나 여름, 가을 등 1년에 2~3차례 하는데, 누에가 깬 다음 누에고치를 지을 때까지의 일수는 봄누에는 25일 정도, 가을누에는 23일 정도여서, 1년에 누에 농사를 3차례 한다고 해도 3달이 소요되지 않는다. 양잠업은 농가의 부업으로 이루어지지만, 뽕나무를 심고, 누에를 키우기 위해서는 상당한 정도의 관련 지식을 가지고 있어야 하기 때문에, 농가에 여유 노동이 있다고 하여 시장성 있게 양잠업을 영위할 수 있는 것은 아니다.

동아시아와 인도는 양잠업의 전통이 있었기 때

문에, 산업혁명 이후 선진 국가들에서 비단의 원료로서 생사 수요가 성장할 때, 이 시장을 겨냥하여 양잠업이 성행할 수 있었다. 특히, 중국과 인도와 일본의 양잠업이 구미 선진시장의 확대에 대응하여 발전하였다. 중국은 19세기까지는 동아시아에서 가장 생산성 있는 잠사 국가였다. 인도는 인도에 진출한 영국인들이 주도가 되어 중국보다 더 빨리 유럽의 선진적인 양잠 기술을 도입하면서 중국에 버금가는 생산성을 가질 수 있었다. 중국은 1870년대 이후 유럽의 선진적인 양잠 기술을 수용하여 생산성 향상에 성공함으로써 유럽 생사시장을 장악할 수 있었다. 일본은 개항 이후 유럽의 선진적인 양잠 기술을 자국의 실정에 맞는 적정 기술 체계로 만들어, 중저가 표준품의 생사를 요구하는 미국 시장을 공략하는 데 성공하면서, 중국과 인도를 능가하는 잠사 국가가 되었다. 일본은 1960년대까지는 세계 선두 국가로서의 지위를 유지하였는데, 한국은 일본의 선진적인 잠사 기술을 수용하는 데 성공하여, 기술적 측면에서는 중국이나 인도보다 더 높은 수준에 도달하였다. 한국은 이와 같은 기술적 우위성에 기반하여 세계 3, 4위의 잠사국 지위를 차지

|그림 1| 동북아시아 3국과 인도의 잠사 기술의 발전(개념도)

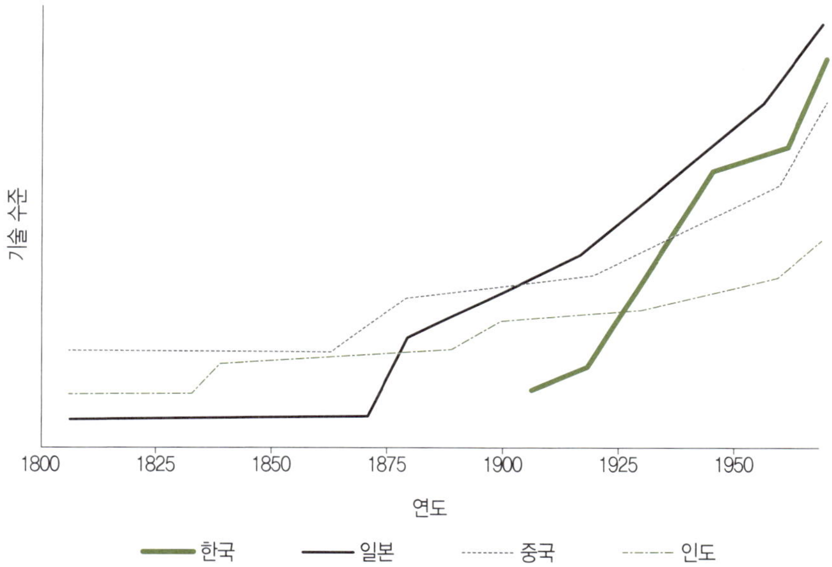

자료: 淸川雪彦(2009: 12)의 서-1 그림에 한국만을 포함시킨 것임.

할 수 있었다.

20세기 전반에는 유럽과 미국이 세계에서 가장 중요한 생사 소비지였지만, 인조견사를 비롯한 대안적인 섬유소재들이 발전하면서 유럽이나 미국의 생사 소비는 감소하여, 1945년 이후에는 유럽이나 미국의 생사 소비시장으로서 지위는 전전과 같지 않았다. 반면, 1955년 이후에 일본은 고도성장을 하면서 비단으로 만든 전통 의상인 기모노 열풍이

불어 세계 최고의 생사 수요지로 부상하였는데, 이후 기모노 열풍이 사라지면서 일본의 생사 수요도 퇴조하였다.

일본의 잠사업의 동향은 한국의 잠사업에 매우 큰 영향을 미쳤기 때문에, 일본 잠사업의 장기 추이를 생사 수급을 중심으로 살펴 본다. 일본의 생사 생산량의 추이를 보면, 1878년에는 1,359.8톤이었는데, 이후 지속적으로 성장하여 1934년에는 4만 5,243.4톤으로 늘었다. 1878년 생사 생산에서 수출이 차지하는 비중은 64%였는데, 이후 수출 비중은 추세적으로 상승하여 1934년에는 73%가 되었다. 이 시기 일본의 잠사업은 미국으로의 수출시장을 배경으로 성장하였는데, 1930년대 대공황으로 미국의 생사 수요가 감소하자 일본의 잠사업은 큰 타격을 받았다. 전시기에는 생사가 낙하산의 원료로 사용되어 수요가 반짝 있기는 하였지만, 전쟁이 끝나자 수출도 국내 수요도 감축되어 잠사업은 크게 퇴조하였다. 1950년대에는 수출 수요가 살아나면서 생사 생산이 늘어났지만, 전전의 수준에 도달하지는 못하였다. 1958년에 생사 생산은 2만 톤을 넘어서지만, 1975년까지 2만 톤 내외에서 횡보하다

|그림 2| 일본의 생사 수급(1878~2003)

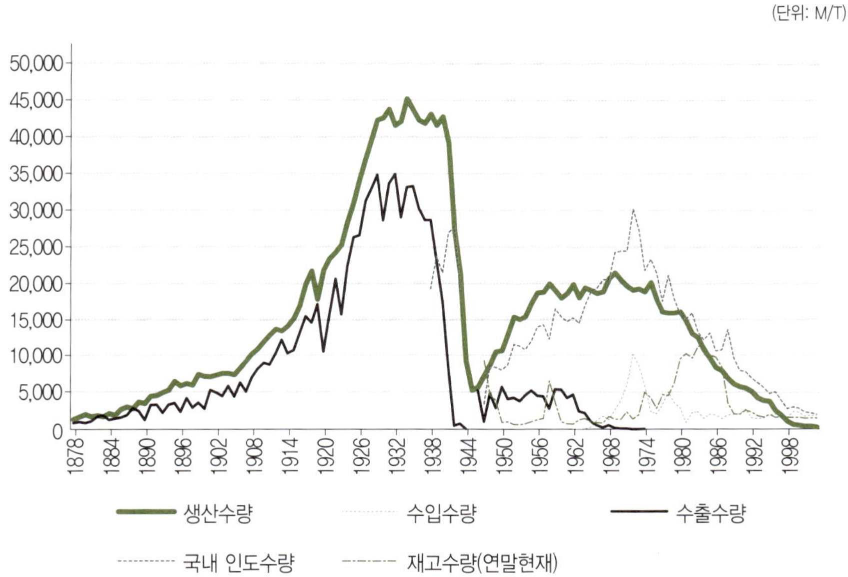

자료: 農林水産省農産園藝局蠶絲課(1998: 4).

가, 1976년부터 급속하게 퇴조의 길을 걷게 되었다. 잠사업의 급속한 퇴조는 양잠을 부업으로 할 농가의 감소와 결합된 것이었다. 생산의 추이와 달리 수요는 1972년까지 늘어났다. 1947년에 일본의 국내 생사 수요는 3,466.9톤이었는데, 1972년에는 3만 210.8톤으로 1947년 대비 8.7배 증가하였다. 일본은 1960년대 후반부터 1970년대 동안에는 생사 순수입국이었다. 한국의 두 번째 고도성장은 일본의 수입 수요의 증대를 배경으로 한 것이었다.

1945년 이후 세계 주요 생사 생산국의 추이를 보면, 1952년에는 일본이 1만 5,401톤으로 1위, 중국이 3,548톤으로 2위, 소련이 1,800톤으로 3위, 이탈리아가 1,571.2톤으로 4위, 인도가 797.2톤으로 5위였다. 이 시기 북한의 생사 생산량은 정확히 알 수 없지만, 세계 6위로 한국보다는 더 우위에 있었다고 생각된다. 한국은 445.1톤으로 7위를 차지하였다. 한국의 생산은 1960년부터 빠르게 성장하여, 1963년에는 이탈리아를 능가하게 되었고, 1968년에는 북한과 인도를 능가하게 되었고, 1970년에는 소련을 능가하게 되었다. 1970년에 한국은 일본, 중국을 잇는 세계 3위의 생사 생산국이 되었다. 그러나 한국은 1975년에 정점에 도달한 후 빠르게 생산이 감소하였다. 1980년대 이후에는 중국과 인도의 양강 체제가 유지되었으며, 브라질, 베트남, 태국, 루마니아 등이 생사 생산국으로 발돋움하였다.

1960년대 이후 동아시아 국가들 간의 생사 생산 경쟁에서 중요한 격전장은 일본 시장이었다. 1965년 당시 일본의 생사 수입의 93%는 중국이 차지하고 있었다. 그 다음은 북한으로 4.2%였고, 한국은

|그림 3| 1945년 이후 주요 생사 생산국의 생사 생산 추이

(단위: M/T)

A. 이탈리아, 일본, 한국, 북한, 소련, 중국, 인도

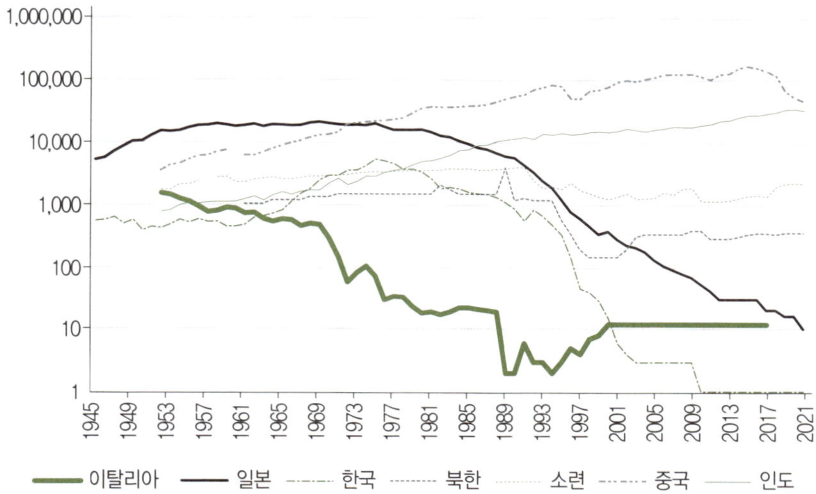

B. 브라질, 베트남, 태국, 중국, 인도, 루마니아

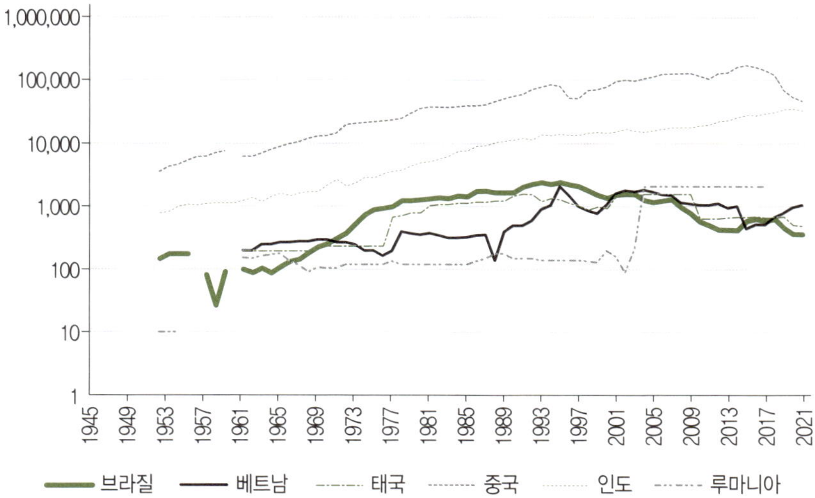

자료: https://www.fao.org/faostat/en/.

|그림 4| **일본 생사 수입의 국별 구성(1965~1997)**

A. 실수

(단위: M/T)

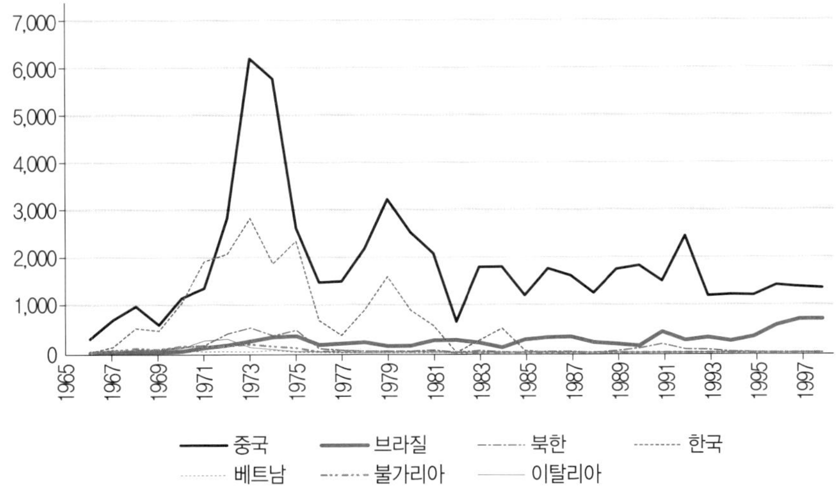

B. 비율

(단위: %)

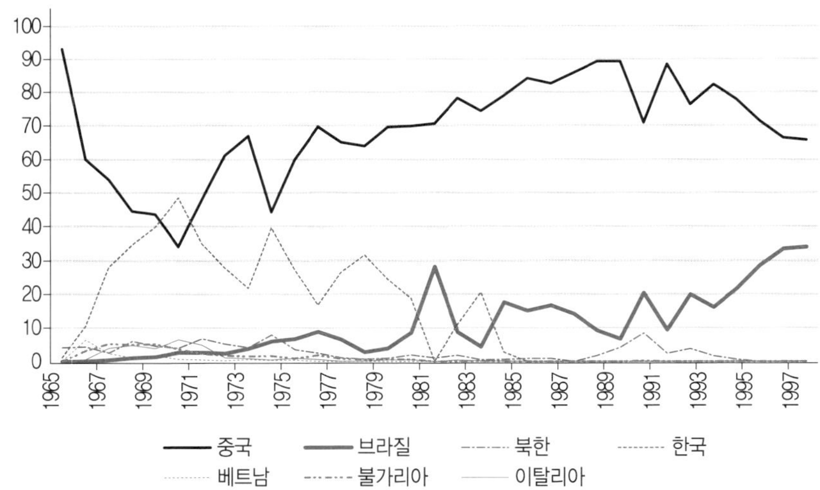

자료: 農林水産省農産園藝局蠶絲課(1998: 84).

1.2%에 불과하였다. 그러나 1965년 이후 한국의 대일 수출은 급속하게 늘어나서, 1970년에는 한국이 48.5%를 차지하였으며, 중국은 34.1%로 한국보다 뒤처졌다. 그러나 1970년에 들어 중국의 비중이 다시 늘어나서, 1981년에는 70%를 넘게 되었고, 1989년에는 89.2%에 이르렀으며, 이후 브라질의 비중이 늘어나면서 중국의 비중은 줄어들었다. 한국이 주요 생사 생산국의 지위를 상실한 것은 한국이 주력 시장으로 삼았던 일본 시장이 축소된 것에도 기인하지만, 중국과의 경쟁에서 경쟁력을 상실한 것도 주요하였다. 이후 한국은 빠르게 도시화가 진행되면서 농가 부업으로 이루어지고 있었던 양잠업이 급속하게 축소되고 잠사업이 쇠퇴하게 되었다.

한국의 잠사업의 장기적 추이

한국의 잠사업은 오랜 역사적 연원을 가지고 있다. 이것이 20세기 두 차례 고도성장의 밑받침이 되었다는 점을 부정할 수는 없지만, 20세기에 발생한 두 차례의 고도성장은 서구에서 발전한 근대적인 잠사 기술의 수용 위에서 가능한 것이었다.

한국은 1880년대부터 잠사업 근대화를 위해 선진 기술을 도입하고 잠업연구기관을 설립하는 등 잠업 장려에 많은 노력을 하였다. 1884년에 설치된 '잠상공사'(蠶桑公司)•는 그 대표적인 예이다. 잠상공사는 새로운 잠업 기술을 국내에 소개하고, 잠업 관련 전문서적을 출판하고, 잠업 인재를 양성하는 것에는 어느 정도 성과를 거두었지만, 양잠업이 산업적 성공을 거둘 수 있는 기초를 확립하는 데는 성공하지 못하였다. 잠사업이 산업적으로 성공하기 위해서는 양잠업, 제사업, 잠종제조업, 상묘생산업이 업종별로 분화되고, 각각에 효율적인 생산 체계를 구축하고, 이들 간에 발생할 수 있는 다양한 문제를 해결할 수 있는 제도적 체계를 갖추어야 하지만, 이 시기에는 새로운 기술에 대한 정보를 도입하는 단계에 머물렀을 뿐, 업종의 분화와 제도적 체계의 구축에까지는 이르지 못하였다.

잠상공사: 1884년에 고종의 지시에 의해 설립된 관영 양잠회사로 1889년에 폐지되었다.

조선시대에 한국의 양잠업은 크게 발전하지는 않았지만, 한국의 양잠업의 발전 가능성은 매우 컸다. 한국의 기후 풍토는 일본보다 습기가 적고 일조시간이 길어서 누에를 기르기에 좋았다. 그뿐만 아니라 오랫동안 양잠을 해왔기 때문에, 농민들에게 양잠에 대한 기술교육을 하기가 수월하였다. 비록 업종의 분화가 이루어지지는 않았지만, 1908년 한국의 양잠호수는 6만 1,480호였고, 순 상전(純桑田) 면적은 731.30ha였고, 누에고치 생산량은 1만 1,048.4석(352.113톤)이어서 재래적인 기술에 기반한 생산이 상당히 광범하게 이루어지고 있었다. 이 시기 누에고치 생산량은 과소하게 조사된 것으로 실제로는 3만 석에 달하였을 것으로 보는 추계도 있다.

한국의 잠사업의 장기 추이를 양잠업을 중심으로 하여 살펴보자. 1944년 이전의 자료는 한반도 전체에 대한 것이고, 1945년 이후의 자료는 남한에 대한 것이다. 양잠농가는 양잠을 1년에 한 번 할 수도 있고 두 번 또는 세 번 할 수도 있다. 한국에서는 춘잠농가• 수나 하추잠농가• 수에 대한 장기통계가 있지만, 실양잠농가•에 대한 장기통계는 없다. 다만, 한국은 기후적인 특성으로 춘잠의 생산성이 하추잠보다 더 높고, 전통적으로 춘잠만을 해왔기 때문에, 춘잠을 하지 않고 하추잠만을 하는 농가는 많지 않았다. 따라서 여기에서는 춘잠농가호수만을 살펴본다. 춘잠농가호수는 1911년에 10만 1,662

춘잠농가: 봄에 누에를 치는 농가.

하추잠농가: 여름에 누에를 치는 농가인 하잠농가와 가을에 누에를 치는 농가인 추잠농가를 통칭하는 용어.

실양잠농가: 춘잠이든 하추잠이든 1년에 한 번이라도 양잠을 한 농가.

|그림 5| **한국의 양잠농가호수 추이(1908~2022)**

(단위: 1,000호, %)

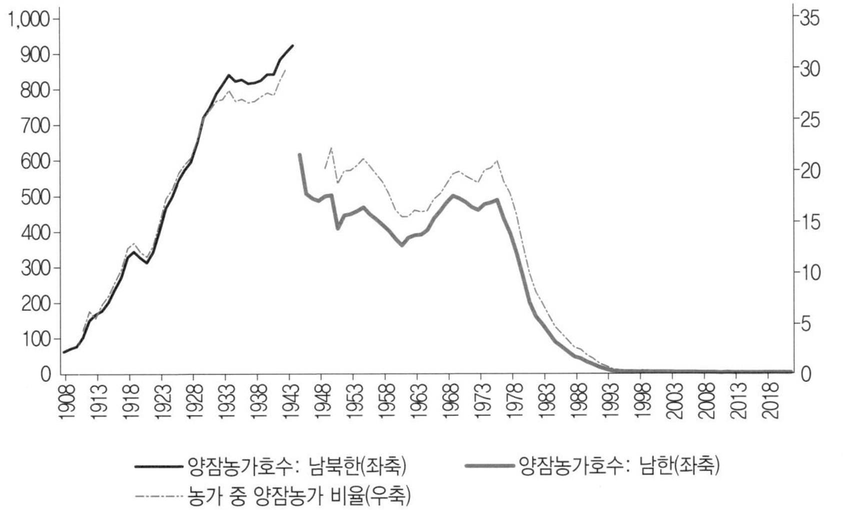

자료: 대한잠사회(1963); 대한잠사회(1989); 박이택(2023); 『농림통계연보』; 『농림수산통계연보』; 『농림수산식품통계연보』; 『농림축산식품통계연보』.

호로 농가호수에서 차지하는 비중은 4.3%였다. 춘잠농가는 계속 증가하여 1944년에는 92만 2,017호로, 농가호수에서 차지하는 비중은 30%를 넘었다. 해방 후에는 양잠농가 수가 감소하기 시작하였다. 1945년 한국의 춘잠농가 수는 61만 4,955호였는데, 1961년에는 35만 9,890호로 줄어들었다. 1961년 농가호수에서 춘잠농가가 차지하는 비중은 15.5%였다. 잠사업의 제2 고도성장기에 해당하는 1976년까지 양잠농가호수는 늘어났다. 1976년의 춘잠농가 수는 48만 8,285호로 늘어났지만, 여전히 1945년 수준에는 도달하지 못하였다. 1976년 농가호수에서 차지하는 비중은 20.9%였다. 이후 양잠농가는 지속적으로 감소하였다. 1991년에는 춘잠농가 수가 1만 5,708호로 줄어들었고, 농가호수에서 차지하는 비중은 1%가 되지 않았다.

한국의 양잠호수의 추이를 일본과 비교하여 살펴본다. 일본은 춘잠을 하지 않고 하추잠만을 하는 농가도 많기 때문에, 춘잠농가를 바로 양잠농가호수로 볼 수는 없다. 그래서 일본에서는 실양잠호수를 사용하였다. 여기에서는 일본의 실양잠호수와 한국의 춘잠호수를 비교한다. 일본의 양잠호수는 1884년에 73만 7,000호였는데, 1929년까지 지속적으로 증가하여 1929년에는 221만 6,602호에 이르렀다. 이후 가파르게 감소하여, 1946년에는 100만 호 아래로 떨어졌다. 1940년대 후반과 1950년대 전반에 하락률이 약간 주춤하기는 하였지만 계속 감소하였다. 1950년대 후반부터 다시 빠르게 감소하여 1985년에는 10만 호 아래로 떨어졌고, 1996년에는 1만 호 아래로 떨어졌다. 한국의 양잠농가 수의

|그림 6| **한국과 일본의 양잠호수(1884~2022)**

(단위: 1,000호, %)

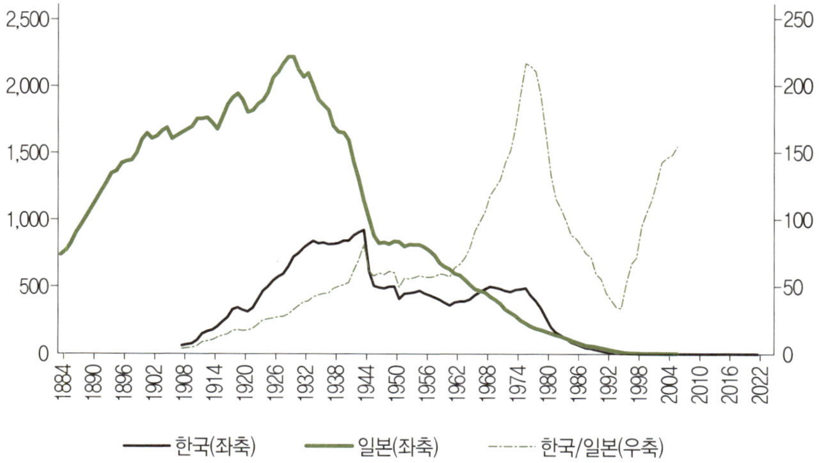

자료: 『蚕業に関する参考統計』; 『農林省統計表』; 藤野正三郎·藤野志朗·小野旭(1979); 農林水産省農産園藝局蠶絲課(1998); 대한잠사회(1963); 대한잠사회(1989); 박이택(2023); 『농림통계연보』; 『농림수산통계연보』; 『농림수산식품통계연보』; 『농림축산식품통계연보』.

추세를 일본의 추세와 비교하면 약간 다른 점이 발견된다. 한국은 1944년까지 양잠호수가 지속적으로 상승하였으며, 1945년 이후 감소하기는 하였지만, 1960년대 들어 다시 증가하기 시작하였다. 1968년부터 1983년까지는 남한의 양잠호수가 일본의 양잠호수를 능가하기도 하였다. 그러나 한국도 1976년부터는 지속적으로 감소하였다. 이후 양잠호수에 유의미한 반전은 일어나지 않았다.

일본의 양잠농가는 한국의 양잠농가보다 양잠 규모와 양잠 생산성에서 더 앞섰기 때문에, 누에고치 생산량의 차이는 양잠농가호수의 차이를 크게 능가하였다. 즉, 한반도의 양잠호수가 일본의 양잠호수의 80.97%에 달하였던 1944년에 한반도의 누에고치 생산량은 일본의 9.53%에 불과하였다. 1976년에는 남한의 양잠호수가 일본의 216.63%였지만, 남한의 누에고치 생산량은 일본의 47.48%에 불과하였다. 장기적으로 보면, 한국과 일본 간의 양

|그림 7| **한국과 일본의 누에고치 생산량**

(단위: M/T, %)

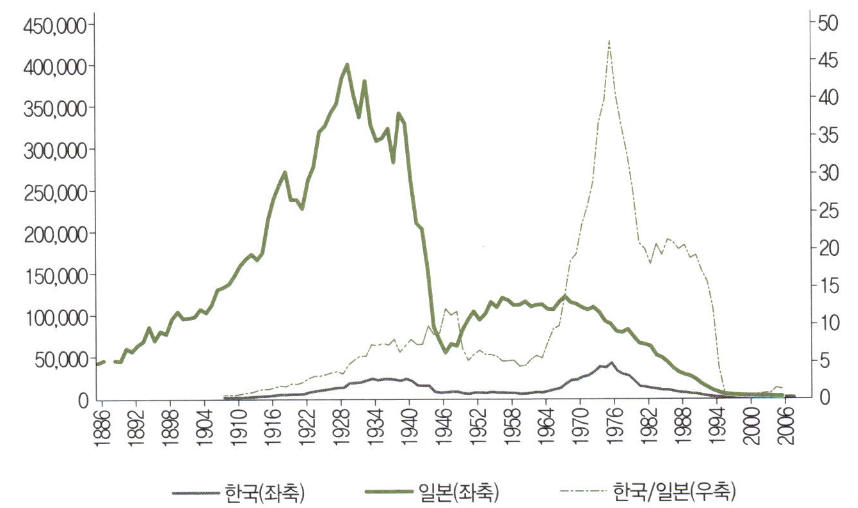

자료: 그림 6 참조.

|그림 8| **양잠농가당 소잠량**

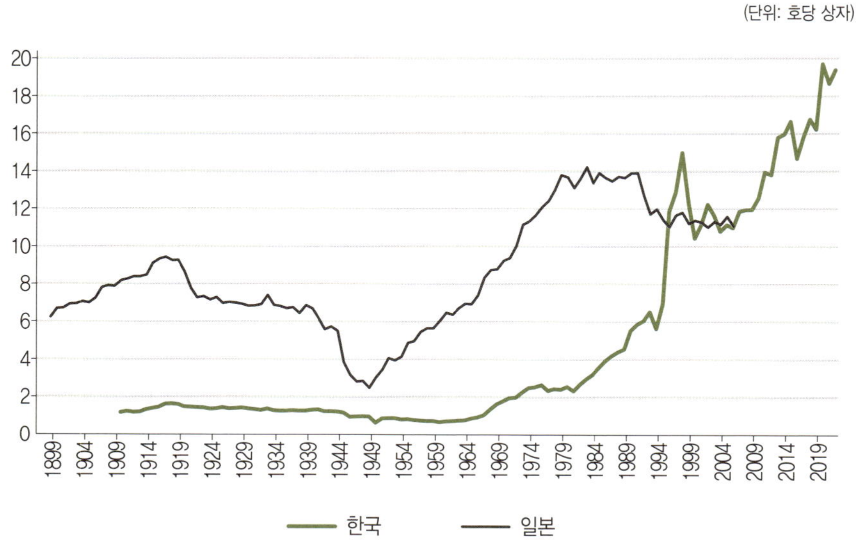

자료: 그림 6 참조.

잠농가당 누에고치 생산량 격차는 감소하였지만, 1976년에도 한국의 양잠농가당 누에고치 생산량은 일본의 양잠농가당 누에고치 생산량의 1/5의 수준을 약간 넘는 상태였다.

한국과 일본의 양잠농가당 누에고치 생산량의 차이는 양잠 규모와 양잠 생산성의 차이가 결합되어 나타난 것이다. 양잠 규모는 양잠농가당 소잠량• 을 지표로, 양잠 생산성은 소잠량당 산견량•을 지표로 그 추이를 파악해 볼 수 있다. 양잠농가당 소

소잠량: 누에치기에 사용한 누에씨의 양.

산견량: 누에고치 생산량.

잠량은 양잠농가 1호당 사용하는 잠종(누에씨) 상자 수[•]이다. 양잠농가당 소잠량을 보면, 일본은 1995년까지는 한국을 능가하였지만, 1996년부터 2006년까지는 큰 차이가 없게 되었다. 일본은 1910년대 중반까지의 증가, 그 이후 1949년까지의 하락, 1950년부터 1979년까지의 상승 및 그 이후 횡보 및 하락으로 파악할 수 있다. 반면, 한국은 1910년부터 1918년까지의 약간의 증가, 그 이후 1960년까지의 지속적인 감소, 1961년부터의 추세적인 상승으로 특징지을 수 있다. 한국의 첫 번째 고도성장기는 양잠 규모의 감소를 양잠호수의 증가로 보충하고 있었다. 반면, 두 번째 고도성장기에는 양잠 규모가 늘어났지만, 진행 속도가 빠르지는 않았다. 한국에서 양잠농가의 경영 규모는 1980년대 이후에 빠르게 늘어난다. 이때에는 전반적으로 양잠업이 쇠퇴하면서 양잠을 대규모로 하는 소수의 양잠농가만이 살아남아 양잠 규모가 증가한 것이다. 그 추세는 현재까지 이어지고 있다.

1980년대 이후 양잠 규모의 증대를 가능하게 한 것은 고용노동을 이용하는 대경영으로 변해서가 아니라, 가족노동을 사용하면서 양잠 규모를 늘릴 수

잠종 한 상자: 한국 농림축산식품부는 최고 품질의 잠종의 기준을 상자당 누에알 수가 20,000립 이상이고, 상자당 누에알 무게는 10g 이상이며, 정상란 비율이 95% 이상인 것으로 규정하고 있다.

가지뽕치기: 뽕가지째로 주는 누에치기 방법.

있는 큰 누에 가지뽕치기•를 수용하였기 때문이다. 1970년대까지는 뽕나무로부터 뽕잎을 따서 누에에게 사료로 주었는데, 1980년대부터는 뽕나무에서 잎을 채취하는 것이 아니라, 밑둥 시작점을 통으로 잘라 사료로 주었다. 이렇게 가지째 잘라 사용하게 되면, 뽕잎을 일일이 딸 때보다 일손을 크게 줄일 수 있을 뿐만 아니라, 뽕잎을 더 오래 신선하게 보관할 수 있어서, 양잠 규모를 늘릴 수 있다.

이제 소잠량당 산견량을 지표로 양잠 생산성의 추이를 살펴보도록 한다. 일본의 양잠 생산성의 장기 추이를 보면, 1910년에 비해 1986년에는 3.3배가 되었다. 특히, 1910년부터 1929년까지 빠르게 상승하였다. 이후에도 장기적으로 상승 추세를 보이지만 그 성장세는 둔화되었다. 한국의 경우, 제1차 고도성장기에는 일본과 동일한 성장 추세를 보여 준다. 일본과의 절대적 격차는 별로 줄어들지 않았지만, 상대적 격차는 상당히 줄어들었다. 1910년에 한국의 소잠량당 산견량은 일본의 46.5%에 불과하였지만, 1934년에는 89.5%로 되었다. 제1차 고도성장은 양잠농가의 확대뿐만 아니라 생산성의 향상도 상당한 기여를 하였다. 양잠 생산성은 해방 이

|그림 9| **소잠량당 산견량**

자료: 그림 6 참조.

후 크게 떨어졌지만, 이후 빠르게 회복하여 1976년에는 일본의 99.87%로 따라잡았다. 제2차 고도성장기에도 한국은 생산성 향상이 성장에 기여하였으며, 이 시기의 생산성 향상은 일본과의 절대적 격차를 줄이는 방향으로 전개되고 있었다. 그러나 1970년대 이후 양잠 생산성은 다시 떨어지기 시작하였다. 1995년 이후 급속하게 떨어진 이유는 이 시기 한국의 양잠업이 입는 양잠업에서 먹는 양잠업•으로, 즉 누에를 키워 누에고치를 만드는 것이 아니라

먹는 양잠업: 누에가루, 동충하초, 뽕잎, 오디 등 식품으로 이용할 수 있는 양잠 산물을 생산하는 양잠업.

누에가루나 동충하초 생산으로 전환하였기 때문이다. 즉, 소잠량당 산견량의 급속한 하락은 양잠 생산성의 문제가 아니라, 입는 양잠업에서 먹는 양잠업으로의 질적 변화를 보여 주는 것이다.

양잠의 생산성을 결정하는 것은 누에씨뿐만 아니라 뽕잎의 양과 질도 중요하였다. 한국이 제1차 고도성장기에 양잠 생산성에서 일본과의 절대적 격차가 상당히 존재하였던 것은 뽕밭 경영에서 발생하는 생산성 격차를 줄일 수 없었기 때문이다. 반면에 제2차 고도성장기에는 양잠 생산성에서 일본과의 절대적인 격차를 줄일 수 있었는데, 그것은 뽕밭 경영에서 발생하는 생산성 격차도 줄일 수 있었기 때문이었다. 이것을 확인하기 위해 상전 10a당 산견량의 추이를 살펴보자. 일본은 1889년부터 1968년까지 지속적으로 성장하고, 그 이후 쇠퇴하는 방향으로 전개되었다. 1968년을 전후하여 토지 생산성보다는 노동 생산성을 우선시하는 방향으로 경영의 패턴이 변화하였기 때문이다. 반면, 한국은 1909년부터 1964년까지 성장 추세를 보여 주지 못하였다. 그러다가 1960년대 후반부터 빠르게 상전 10a당 산견량이 상승하여 1984년에는 일본과 거의 같은 수

|그림 10| 상전 10a당 산견량

(단위: kg/10a, %)

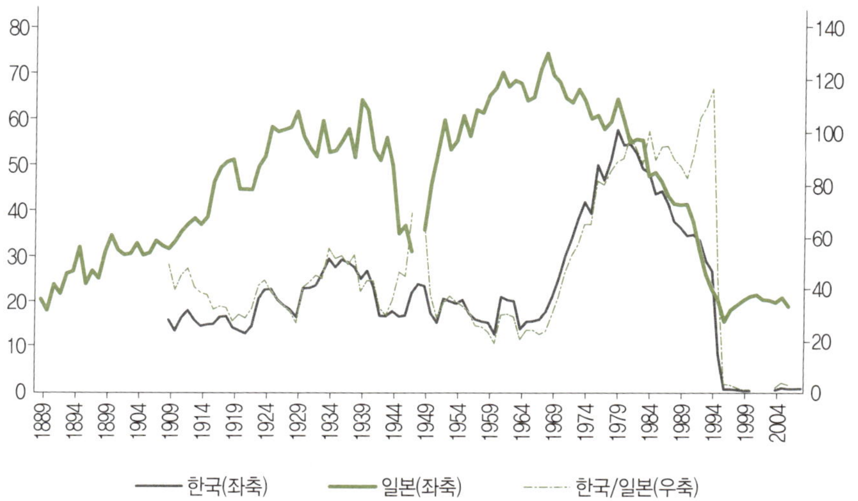

자료: 그림 6 참조.

준으로 되었다. 제2차 고도성장기에는 우량 뽕나무의 효율적인 관리가 생산성을 끌어올리는 데 중요한 역할을 하였다. 이상에서 확인할 수 있듯이 한국의 제1차 고도성장기와 제2차 고도성장기 모두 양잠 생산성이 빠르게 올랐는데, 양잠 생산성의 향상을 견인한 요인에는 차이가 있었다.

이제 제사업의 발전에 대해 살펴본다. 첫 번째 고도성장기 초에는 누에고치를 바로 일본으로 수출하였지만, 1918년 이후 한국에 제사업이 발전하게 되면 누에고치가 아니라 생사의 형태로 수출하게 된다. 한국에서 제사업의 발전은 일본의 제사 자본 진출에 의해 촉발되었다. 일본의 제사 자본은 한국의 양질이면서 저가인 누에고치를 확보하면서 또 저임금 여성 노동력을 제사노동으로 활용하기 위해 한국에 진출하였다. 1918년에 야마쥬(山什)제사주식회사가 대구에 제사공장을 설립한 후, 1919년에는 가타쿠라(片倉)제사방적주식회사가 대구에 제사공장을 설립하였으며, 이후 두 회사는 대구 이외의 지역에도 공장을 설립하였다. 다른 일본의 제사 자본들도 한국에 진출하였다. 일본 제사 자본에 의한 기계제사업이 발전하자, 이에 뒤따라 한국인 제사회사들도 설립되었다. 일본의 제사 자본은 처음에는 일본에서 개발된 좌조조사기를 도입하여 사용하였는데, 1930년대에는 다조조사기를 사용하기 시작하였다. 제사 자본은 양잠소작제도를 활용하여 양잠업에도 영향을 미쳤지만, 양잠소작제도가 양잠업에서 차지하는 비중이 크지 않았음은 순(純)뽕밭● 의 낮은 비중이 보여 준다. 이 점은 뒤에서 조금 더 상세히 고찰할 것이다. 제사 자본이 한국의 양잠업을 어느 만큼 지배하였는가와 관계없이, 한국에서

순뽕밭: 밭 전면에 뽕나무만 심은 밭.

제사업이 발전한 이후에는 누에고치가 아니라 생사로 수출되었기 때문에, 한국의 양잠에서 수출시장의 중요성을 확인하기 위해 한국의 생사 생산에서 수출이 차지하는 비중을 살펴보도록 한다.

1915년에는 수출이 생산에서 차지하는 비중이 0.4%에 불과하였지만, 이후 빠르게 증가하여 1929년에는 93%를 차지하게 되었다. 이후 미국의 대공황으로 일본에서는 생사공황이 발생하였는데, 이때 한국도 생사를 일본이나 미국으로 수출하는 데 어려움을 겪었다. 이와 같은 시장 상황의 변화를 배경으로 국내 생사를 이용한 견직업이 발전하였다.

해방 후 수출시장의 축소는 한국의 양잠업을 억누른 가장 중요한 요인이었다. 수출이 회복되자 생사의 생산은 빠르게 증가하여, 1969년에는 수출이 생산의 94.36%에 달하게 되었다. 생사 수출의 증대 뒤에는 제사업의 투자 증대가 있었다. 생사 수출의 전망이 좋아지자 제사업체가 신설되고 조사기도 늘어났다. 1960년 제사공장 수는 23개였는데, 1972년에는 66개로 늘었고, 설치된 조사기는 1960년 2,559개에서 1972년에는 1만 5,952개로 늘어났다. 그뿐만 아니라 조사기 중 자동조사기의 비중도

|그림 11| **한국의 생사 생산 및 수출**

(단위: M/T, %)

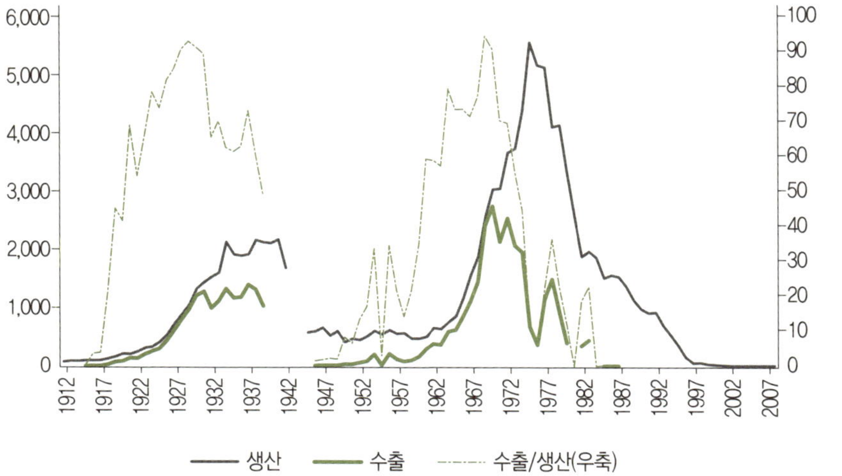

자료: 그림 5 참조.

늘어났다.

오일쇼크 이후 일본에서의 생사 수요가 감소하면서 한국의 생사 수출은 빠르게 감소하였다. 1970년대 중반에는 루이스적 전환점을 지나면서 임금도 빠르게 오르기 시작하였다. 이와 같은 변화에 대응하기 위해 제사업체들은 1970년대 말에는 이전에 사용한 자동조사기보다 2배 이상의 능률을 보이는 고속자동조사기를 사용하였지만, 양잠업의 퇴조에 따른 경쟁력 약화를 만회할 수는 없었다.

|그림 12| **한국의 생사 수급 상황**

(단위: M/T)

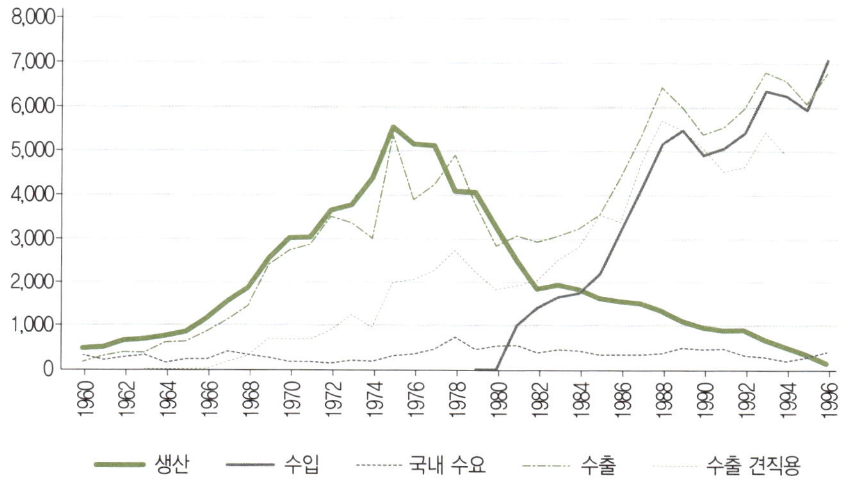

자료: 대한잠사회(1983), 『농림수산주요통계』.

이 시기 생사의 생산과 수출의 차이가 국내 생사 수요를 의미하는 것은 아니었다. 이 시기에는 생사를 원료로 하여 만든 견제품들이 수출되었기 때문이다. 국내 생사 수요를 파악하기 위해서는 이와 같은 수출 견직용 생사 수요를 고려하여야 한다.

그림 12는 생사의 국내 수요 추이를 보여 주는데, 1960년대 이래로 크게 늘어나지 않았다. 생사의 수요는 대체로 수출 수요였다. 1960년대 이후에는 생사를 바로 수출하는 것이 아니라 견제품으로

만들어서 수출하는 것이 늘어났으며, 1980년대 후반에는 거의 대부분이 견제품을 만들어 수출하는 것으로 변화되었다. 1980년대에 들어와서는 수출용 견직물을 생산하기 위해 필요한 생사를 수입하였다. 1985년부터는 국내에서 생산된 생사보다 수입된 생사가 더 큰 비중을 차지하게 되었다. 한국의 잠사업의 쇠퇴는 1970년대 후반 일본의 수출시장 감소와 일본 시장에서의 중국 생사에 대한 경쟁력 상실에서 시작되었으며, 1980년대에 들어서는 국내 생사시장도 점차 중국산 생사시장에게 내주면서 결정적인 쇠퇴의 길을 걷게 되었다.

2

첫 번째 고도성장: 1910~1940

조선시대에 잠사업은 양잠업, 제사업, 상묘생산업, 잠종제조업을 농가가 일관적으로 수행하였지만, 20세기에 들어와서 이 네 업종은 분화되었다. 이 중 양잠업은 여전히 농가의 부업적인 생산 활동으로 이루어졌다. 제사업의 일부는 여전히 재래적인 방법으로 농가에서 이루어지기도 하였지만, 상묘생산업이나 잠종제조업, 기계제사업은 그 특성상 전문생산업자에 의해 기업적으로 경영되었다. 상묘생산업, 잠종제조업, 기계제사업도 각각 상이한 생산 활동으로 이를 한 기업이 일관적으로 행할 수는 없었다. 즉, 전문생산업자에 의해 기업적으로 생산되는 업종들과 농가의 부업적 생산 활동으로 이루어지는 양잠업이 결합한 것이다.

이와 같은 업종별 분화는 자연적으로 이루어진 것이 아니라, 조선총독부의 강권적 재편에 의한 것이었다. 조선총독부는 일본 시장에서도 가격 경쟁력이 있도록 하기 위해 개량 뽕나무와 우량 잠종을 사용하도록 양잠업을 재편하였으며, 이 위에 누에고치 증산 정책을 추진하였다. 따라서 첫 번째 고도성장을 이해하기 위해서는 우선 조선총독부의 잠업 육성 및 진흥 정책에 대해 살펴보지 않으면 안된

누에

누에고치

다. 식민지 시대에는 잠사업의 생산성이 빠르게 신장하였지만, 양잠 경영의 영세성을 벗어나지는 못하였다. 이 점은 식민지기 한국 양잠업의 특징이기 때문에 이 점에 대해 고찰하지 않으면 안된다. 그뿐만 아니라 한국의 양잠업은 국내 수요를 대상으로 발전한 것은 아니고 수출시장을 대상으로 발전하였는데, 영세한 양잠농가의 생산물을 수출로 연결하는 유통구조가 어떻게 형성되었는지에 대해 고찰할 필요가 있다(이 장의 상당 부분은 박이택(2023)의 논문을 정리 재배치한 것이다).

잠업 육성 및 증산 정책

일본이 한국을 병합하려는 목적 중의 하나는 한국을 일본 농민의 식민지로 활용하여, 일본 본토의 과잉인구를 해소하려는 것이었다. 이를 성공적으로 수행하기 위해서는 한국에 이민 온 일본 농민들이 정착하여 살아갈 수 있도록 한국에 적합한 농업과 그것을 지원해 줄 농정 체계를 만들어야 하였다. 일본이 한국을 병합하기 이전부터 한국의 농업 현실을 파악하고 농업경영 방침을 마련해 간 데에는 이와 같은 배경이 있었다. 비록 한국을 일본 농민의 대규모 이민지로 만드는 데는 실패하였지만, 일본은 한국을 병합한 지 얼마 되지 않은 1912년에 조선총독부 훈령으로 '육지면 재배 장려에 관한 건', '축우 개량 증식의 장려에 관한 건', '미작 개량의 장려에 관한 건', '잠업 장려에 관한 건'을 발령할 수 있었다. 이 중 잠사업에 관한 것은 '잠업 장려에 관한 건'이다. 1910년대에 한국의 양잠업은 빠르게 발전하여 1918년부터는 일본의 제사 자본이 진출하였다. 이를 배경으로 조선총독부는 1925년부터 15년간에 걸쳐 '누에고치 100만 석 증수계획'을 수립하였다. '누에고치 100만 석 증수계획' 기간 사이에는 미국의 대공황과 일본의 생사공황• 시기가 포함되어 있어, 목표한 바를 달성하지는 못하였지만, 잠사업은 크게 성장하게 되었다. 1939년에는 전시 경제의 필요에 부응하기 위해 '누에고치 50만 석 급속 증산계획'을 수립하였지만, 이것은 별 성과를 거두지는 못하였다.

일본의 생사공황: 미국에서 대공황이 일어나면서 생사 수요가 줄어들자, 미국 수출시장에 크게 의존하고 있었던 일본의 생사 가격이 폭락하여 발생한 일본 농가 경제의 파탄을 지칭하는 용어.

이하에서는 1912년의 '잠업 장려에 관한 건', 1924년에 마련된 '누에고치 100만 석 증수계획', 1939년에 마련된 '누에고치 50만 석 급속 증산계획'

을 중심으로 조선총독부의 잠업 육성 증산 정책의 추이를 살펴본다.

1912년 조선총독부가 훈령 제11호로 발령한 '잠업 장려에 관한 건'은 한국에서는 아직 열등한 재래 잠종을 사육하고, 재래적인 누에 사육 방법을 답습하여 수확량도 적고 누에고치의 품질도 열악하기 때문에, 이 문제를 해결할 4가지 개량장려 사항, 즉 우량 잠종의 보급, 애누에(稚蠶) 공동사육소•의 설치, 여자의 잠업 장려, 누에고치의 판매 알선 등에 대한 시책을 시달한 것이다. 이 4가지 개량장려 사항에 대해 살펴본다.

애누에 공동사육소: 3잠 잘 때까지의 누에인 애누에를 공동으로 사육하는 곳.

첫째, 우량 잠종의 보급이다. 잠업을 개량 발전하는 데에는 우람 잠종의 보급이 매우 중요하므로, 한국에 적당한 잠종을 선별하여 보급할 것을 지시하였다. 일본으로부터 잠종을 구입할 때에는 춘잠의 경우 우석(又昔), 소석환(小石丸) 또는 청숙(靑熟), 하잠의 경우 신옥(新屋), 추잠의 경우 백룡(白龍) 등을 선택하도록 하였다. 이 우량 잠종은 모두 일본에서 도입한 순수종인데, 1912년 3월 12일 조선총독부 훈령으로 장려 품종으로 지정되었다. 조선총독부가 제조한 원잠종•은 지방 농산업기관에 배부하

원잠종: 정부의 잠종제조기관이 잠종업자에게 배부하기 위해 만든 잠종.

여 그것을 원종으로 하여 잠종을 제조하여 양잠업자에게 배부하는 방법을 강구하도록 하였다. 우량잠종의 보급은 우량 잠종의 선택, 우량 잠종의 원제조와 보통제조 및 양잠농가로의 배부 등에 대한 새로운 체계의 도입을 가져왔다.

애누에: 누에는 5잠을 자면서 크는데, 3잠 잘 때까지의 누에를 지칭하는 용어.

둘째, 애누에 공동사육소의 설치이다. 애누에 공동사육소는 3잠 잘 때까지의 누에를 공동으로 사육한 것이고, 이후 그것을 각 양잠농가에게 분양하여 사육하게 하였다. 애누에 공동사육은 양잠 방법을 전습하여 기술을 연마하는 이득이 있을 뿐만 아니라 큰 누에의 품질을 일정하게 하는 데에도 기여하였다. 조선총독부는 종래의 양잠지 또는 장래 잠업의 주요한 지역이 될 수 있는 지방에 애누에 공동사육소를 설치하여 잠업의 기술을 잘 아는 사람을 두고, 도농잠기술자 혹은 지방농잠기술기관으로 하여금 지도·감독하게 하였다. 애누에 공동사육소는 이 훈령이 발령되기 이전부터 설치되었는데, 1908년에 경상남도 함창군에 설치된 수하면이안리공동사육소가 최초의 것이다. 1909년에는 경상북도에 추가적으로 5개, 평안남도와 전라남도에 각 1개가 설치되었다. 1910년에는 보다 많은 곳에 추가적으로 설치되어, 경상북도 16개, 전라남도 6개, 강원도 4개, 평안남도 3개, 함경남도 1개, 충청남도 1개, 도합 31개가 되었다. 이후에도 빠르게 여러 지역으로 확산되었다. 애누에 공동사육소의 설치를 지원하기 위해 조선총독부는 이전부터 지급되고 있던 보조금을 확대 지급하였다.

셋째, 여자의 잠업 장려이다. 잠업은 부녀자에게 적당한 업무인데, 한국에서는 내외의 분별이 엄격하여 부녀자에게 잠업 기술을 전파하는 것이 용이하지 않았다. 그래서 여자잠업강습소를 만들어서 각 지방으로부터 모집한 여생도에게 잠업을 교육시키고, 여자잠업강습소의 졸업생을 이용하여 그 지방의 일반 부녀자에게 잠업에 대한 기술을 전수하게 하였다.

넷째, 누에고치의 판매 알선이다. 조선총독부는 일본 본토의 우량 잠종을 이용하여 좋은 품질의 누에고치를 생산하였지만, 그것을 좋은 값으로 사주는 곳이 없으면 재래 누에고치와 동일한 가격으로 매각될 수밖에 없었다. 따라서 우량 잠종의 보급 효과도 거둘 수 없으므로 농잠업 단체나 농잠업 기관이 누에고치의 판매를 알선하도록 하여, 좋은 품질의 누에고치가 높은 가격으로 판매될 수 있도록 하려는 조치이다. 이것은 이후 공동판매 체계로 발전하였다. 공동판매장에 집하된 누에고치는 1918년 이전에는 대부분 누에고치 형태로 일본으로 이출되었다. 1918년 이후에는 한국에 진출한 제사업체에 판매된 뒤, 생사로 가공되어 일본에 판매되었다.

1912년 잠업 장려에 관한 건은 잠종제조업을 분리된 업종으로 만들어 체계적으로 관리하는 체계를 만들고, 애누에 공동사육소와 여자잠업강습소를 통해 잠업 기술의 개선을 도모하고, 우량 잠종을 키워 얻은 고품질 누에고치의 판매망으로 공동판매 체계를 구축하고자 하였다.

1924년에 조선총독부는 1925년부터 1939년까지 15개년 동안을 계획기간으로 하여 누에고치 생산량을 100만 석(약 3만 1,000톤)으로 끌어올리겠다는 계획을 수립하였는데, 이것이 누에고치 100만 석 증수계획이다. 증산의 목표치는 100만 석인데, 이 계획이 수립되기 전해인 1923년의 누에고치 생산량이 20만 석 정도였기 때문에, 누에고치 생산량을 15개년 동안 5배로 증산하고자 한 것이다. 증산 목표를 달성하기 위해 양잠농가를 40만 호에서 100

만 호로 늘리고, 양잠농가의 누에고치 생산량은 0.5석에서 1석으로 늘리려고 하였다. 양잠농가의 누에고치 생산량을 늘리기 위해 1호당 소잠량을 3매(춘잠 2매, 추잠 1매)로 늘리고, 뽕밭을 호당 평균 1단보● 를 늘리고, 누에 사육 방법의 개선을 도모하였다.

단보: 1단보의 면적은 991.736m²이다.

조선총독부는 특히 뽕밭을 늘리기 위해 식상보조금규정을 제정하기도 하였는데, 계획기간 중 미국의 대공황으로 생사공황이 발생하자 식상보조금을 삭감하는 등의 조치를 취하기도 하여 목표한 성과를 거두지는 못하였다. 1939년의 양잠농가호수는 82만 3,412호로 목표의 82%였지만, 산견량은 목표량 대비 57%에 머물렀다. 이와 같이 양잠농가호수의 목표 미달보다 산견량의 목표 미달이 더 컸던 것은, 1939년의 호당 소잠량이 3매가 아니라 1.28매로 계획 이전보다 더 작아졌으며, 뽕밭의 면적이 늘어나기는 하였지만, 이 중 상당 부분은 순뽕밭이 아니라 공한지에 심은 뽕나무로서, 수형●이나 비배 관리●를 적절히 할 수 있는 형태가 아니었기 때문이다.

수형: 나무의 모양.

비배 관리: 비료를 잘 뿌려 토지를 걸게 하여 식물을 가꾸는 것.

누에고치 100만 석 증수계획은 양잠농가의 양잠규모를 3매로 늘리고자 하였는데, 실제로는 계획 이전보다 양잠 규모가 더 줄어들었다는 점은 누에고치 100만 석 증수계획이 왜 한국 농민들이 양잠 규모를 늘리기 어려운지에 대한 제대로 된 이해를 갖지 못한 채 수립된 정책이었음을 보여 준다. 그렇지만 뽕나무 식재, 잠종 증산, 양잠농가의 확충 등을 종합적으로 고려한 누에고치 증산 정책이라는 점은 평가할 만하다.

1939년에는 누에고치의 가격이 오르고 또 전시물자로서 생사가 사용되었다. 생사 증산이 필요하게 되면서 누에고치 50만 석 급속 증산계획을 수립하였다. 누에고치 50만 석 급속 증산계획은 1940년부터 1945년까지를 계획기간으로 하였다. 1940년의 누에고치 생산량이 약 70만 석인데, 이에 50만 석을 증산하여 1945년에는 120만 석을 생산할 수 있도록 하겠다는 것이다. 이를 위해 뽕밭을 80만 단보에서 130만 단보로 늘리는 정책을 추진하려고 한 것이지만, 소기의 성과를 거두지는 못하였다. 1944년의 누에고치 생산량은 1940년 생산량의 64% 수준으로 감소하였다. 이 계획은 비록 성과를 거두지 못하였지만, 누에고치를 급속하게 증산시키는 데 가장 중요한 병목처는 뽕잎의 증산이었음을 보여 준다.

우량 상묘와 우량 잠종의 보급

양잠의 생산성은 누에씨의 품종과 뽕나무의 품종, 누에고치 사육 방식, 경영 규모 등이 결정하였다. 누에고치 사육 방식과 경영 규모는 다음에 살펴보도록 하고, 여기에서는 누에씨의 품종과 뽕나무의 품종에 대해 살펴본다.

한국에서 뽕나무는 주로 야생과 산식(散植) 뽕밭이 대부분이고, 뽕나무 품종 역시 재래종이며 뽕잎의 질이 좋지 못하였다. 집이나 논밭 주변의 공한지에 뽕나무를 심는 경우, 인위적으로 수형을 만들거나 비배 관리도 제대로 하기 어려워 뽕잎 수확량도 많지 않았다. 조선총독부는 개량 뽕나무 품종을 도입하여, 숙전에 순뽕밭 형태로 심어, 인위적으로 수형을 만들고 비배 관리도 하게 하려고 하였지만, 이와 같은 순뽕밭의 보급은 상당히 제한적으로 이루어졌다.

1910년경부터 한국에는 일본의 뽕나무 품종 중에서 한국의 기후조건에 적합하다고 인정되는 품종

|표 1| **1910년경 뽕나무 재배수지(식산국 농무과 조사)**

			개량 뽕나무				재래 뽕나무			
			수량	단가(원)	가액(원)	비고	수량	단가(원)	가액(원)	비고
지출 세목	차지료		1단보	2	2	밭	1단보	1	1	잡종지
	비료	퇴비	600관	0.01	6		300관	0.01	3	
		인분뇨	20하	0.1	2		15하	0.1	1.5	
	인부임	경운제초	8인	0.35	2.8		3인	0.35	1.05	
		시비	3인	0.35	1.05		2인	0.35	0.7	
		뽕잎 거두기	8인	0.35	2.8		14인	0.35	4.9	
		가지치기	2인	0.35	0.7					
		결속 및 해제	2인	0.35	0.7					
		병충해 구제	1인	0.35	0.35		2인	0.35	0.7	
	잡비	기구손료			0.5	주1)			0.3	주2)
		고	20파	0.03	0.6					
		승	2파	0.06	0.12					
지출 합계					19.62				13.15	
수입 세목	춘기수엽		240관	0.07	16.8		200관	0.05	10	
	추기수엽		40관	0.07	2.8		30관	0.05	1.5	
	벌채지조		200관	0.01	2	주3)	50관	0.01	0.5	주3)
수입 합계					21.6				12	
수지 차액					1.98	익			−1.15	손

주: 1) 기구구입 원가금 5원의 1할.
2) 기구구입 원가금 3원의 1할.
3) 벌채지조는 지조의 정리에 의해서 얻은 수익.
자료: 朝鮮總督府(1911: 28~29).

인 시평(市平), 노상(魯桑), 노상실생(魯桑實生), 적목(赤木), 도내(島內), 개량서반(改良鼠返,) 당상(唐桑) 등이 수입되었다. 한국에서 전통적으로 심었던 재래 뽕나무에 비해 일본에서 수입한 개량 뽕나무는 상대적으로 재배수지가 좋았다. 1910년경 식산국 농무과의 조사에 의하면 재래 뽕나무를 1단보 재배하면 수입은 12원인데, 지출은 13.15원이어서 1.15원의 손실을 보지만, 개량 뽕나무를 1단보 재배하면 수입은 21.6원으로 80% 증가하는데 지출은 19.62원으로 49.2%만 증가하여 1.98원의 순수익을 얻을 수 있었다.

조선총독부는 1910년대에는 개량 뽕나무를 보급하기 위해서 우량 품종을 장려 품종으로 지정하고 뽕나무의 묘목을 무상으로 배부하여 새로운 뽕밭 조성을 장려하였다. 그러나 양잠의 증가에 따라 필요하게 된 뽕잎 수요를 충족할 만큼 뽕밭은 늘어나지 못하고 있었다. 그래서 조선총독부는 1915년 12월에 각도 농업기술관에게 그 문제에 대해 자문하여 얻은 답신에 의거하여, 뽕밭 증식을 위한 시책을 실시하였다. 실시한 시책은 3가지이다.

첫째, 상묘의 육성 대상과 지원 방향에 대한 것

이다. 양잠농가, 잠종제조업자, 잠업전습소 수료생, 동계나 업자에게 상묘의 육성을 권장하고, 상묘 육성에 관한 전습회를 개최하고, 종자 대금과 비료 대금을 보조하도록 하였다.

둘째, 양잠농가에게 상묘를 배분하는 것에 대한 것이다. 상묘를 유상 또는 무상으로 배부하는 한편, 상묘 대금을 보조하고 상묘에 대한 공동구입을 권장하도록 하였다. 이를 위해 공동구입을 알선하였을 뿐만 아니라 보조금까지 지급하거나 또는 현품을 보조하도록 하였다.

셋째, 상묘의 식재 및 재배 방법의 개선에 대한 것이다. 상묘의 식재를 개선하기 위해 전문지도원을 배치하여 식재방법, 식재장소, 정지방법, 비배관리 등을 지도하고, 뽕밭 품평회를 개최하여 양잠의 기술과 경영의 향상을 꾀하였으며, 모범 뽕밭의 설치를 권장하면서 이에 보조금을 지급하도록 하였다. 그리고 지방에 따라 낮추베기• 뽕밭의 설치를 권장하거나 교목(喬木)• 뽕밭을 권장하고, 애누에 공동사육 시설에 부속 뽕밭을 설치하는 경우 보조하고, 공한지를 이용한 뽕나무의 식재를 권장하여 이에 대해 비료 대금을 보조하거나 또는 일정 분

낮추베기: 뽕나무의 주간의 높이가 지표로부터 낮게 되도록 가지를 정리하는 방법.

교목: 큰키나무, 즉 높이 자라는 나무.

량의 우량 잠종 배부를 보조하도록 하였다.

1920년대에는 상묘의 수요가 해마다 증가하는 데 따라서 생산에 주력하게 되었다. 순뽕밭의 면적이 늘어나고 뽕나무 품종도 일본이나 중국에서 엽질•이 좋은 신품종을 수입하게 됨에 따라 애누에용 뽕과 큰 누에용 뽕, 조생(早生), 중생(中生), 만생(晩生) 뽕이 세분화되어 보급되기 시작하였다.

엽질: 잎의 성질.

뽕나무를 심는 것부터 재배에 이르기까지 재배 기술이 개량되어 뽕의 엽질이 좋아지고 비배 관리와 병충해 예방 기술이 보급됨에 따라 수확량이 늘어나는 등 진전이 있었지만, 순뽕밭의 보급이 제한적이었기 때문에, 한국의 양잠업은 뽕밭 재배의 차이에서 발생하는 생산력의 열위 문제를 안고 있었다. 이 문제는 1960년대 전반까지는 기본적으로 해결되지 않았다.

한국에서는 원래 재래종 일화성 삼면잠(1化性 3眠蠶)을 농가가 스스로 복제하여 사용하였는데, 누에고치의 품질은 좋지 않았다. 1906년경에는 일본종 계통의 품종과 중국종 계통의 품종이 수입되기 시작하여 점차 재래종을 대체하게 되었다. 1910년대에는 일본종이 대세를 차지하게 되었다. 한국에

|표 2| 1910년경 조사된 양잠농가의 양잠수지(식산국 농무과 조사)

		개량 뽕나무+일본 누에씨				재래 뽕나무+재래 누에씨			
		수량	단가(원)	가액(원)	비고	수량	단가(원)	가액(원)	비고
지출 세목	누에씨	1000아	0.02	2		8홉	0.02	0.16	주[1]
	뽕잎	220관	0.07	15.4		150관	0.06	9	
	사육인부	40인	0.2	8	주[2]	30인	0.2	6	주[2]
	진면괘인부	3인	0.2	0.6	주[3]	5인	0.2	1	주[3]
	잠구손료			1	주[4]			0.5	주[5]
	소모비			5				1.5	
지출 합계				32				18.66	
수입 세목	상견	100승	0.3	30		60승	0.12	7.2	
	진면	180전	0.02	3.6	주[6]	174전	0.02	3.48	주[7]
	곡사	100관	0.01	1.3		100관	0.01	1	
수입 합계				34.9				11.68	
수지 차액				2.9	익			-6.98	손

주: 1) 재래종의 매매는 표준을 정하는 데 어려움이 있어 종잠으로서 견적함.
2) 한국 부녀자를 사용함.
3) 한국 부인을 사용함. 진면괘인부는 옥견(쌍누에) 및 설견(찌꺼기)을 진면으로 만드는 데 사용하는 인부.
4) 조제비 10원의 1할.
5) 조제비 5원의 1할.
6) 옥견 1두 5승으로부터 150전, 설견 5승으로부터 30전을 얻는다고 예상.
7) 옥견 2두 4승으로부터 144전, 설견 6승으로부터 30전을 얻는다고 예상.
자료: 朝鮮總督府(1911: 40~41).

서는 전통적으로 재래 뽕나무로부터 채취한 뽕잎으로 재래종을 키웠는데, 개량 뽕나무로부터 채취한 뽕잎으로 일본종을 키우는 경우 상대적으로 양잠수지가 좋았다. 1910년경 식산국 농무과의 조사에 의

하면, 재래 뽕나무+재래 누에씨를 키우는 경우 양잠농가의 수입은 11.68원인데, 지출은 18.66원으로 6.98원의 적자를 보는 데 반해, 개량 뽕나무+일본 누에씨를 키우는 경우 양잠농가의 수입은 34.9원으로 200% 늘어나지만, 지출은 32원으로 72% 증가하는데 그쳐 2.9원의 수익을 얻을 수 있었다.

누에씨의 품종은 크게 3가지로 구분할 수 있다. 재래종은 한국에서 전통적으로 키워 온 일화성 삼면잠이다. 순수종으로는 일본종, 중국종, 유럽종이 있었고, 순수종을 교배하여 만든 교잡종•과는 구분된다. 조선총독부는 1912년부터 우량 품종을 장려 품종으로 보급하기 시작하였는데, 1917년 이전까지는 순수종이 장려 품종으로 지정되었다. 1917년부터는 교배종도 장려 품종으로 지정되어 보급되면서 교잡종 시대가 시작되었다.

교잡종: 순수종을 1세대 교배하여 만든 것으로 근친교배에 의한 열화를 막음으로써 병에 더 강하고 생사 생산의 질을 높이고 양을 늘릴 수 있는 품종.

1910년대에는 재래종이 순수종 특히 일본종으로 대체되었으며, 1919년 잠업령 공포 이후에는 교잡종이 점차 순수종도 대체하여 1920년대 후반 이후에는 주로 교잡종만을 키우는 것으로 바뀌었다. 그림 13에 제시된 추이를 약간 더 상세하게 살펴본다. 1910년의 소잠량은 8만 9,980매였는데, 지속적

|그림 13| **품종별 소잠량**

(단위: 매)

자료: 『朝鮮の蠶絲業』 各年版; 『朝鮮總督府官報』; 『朝鮮總督府調査月報』.

으로 증가하여 1941년에는 112만 4,381매로 증가하였고, 이후 약간 감소하여 1943년에는 112만 3,567매가 되었다. 1910년부터 1943년까지 소잠량은 연평균 8%로 성장한 셈이다. 1910년에는 재래종이 7만 8,633매로 87.4%를 차지하였고, 순수종이 1만 1,347매로 12.6%를 차지하였다. 재래종은 1912년 12만 4,287매로 증가하였는데, 1910년에 비해 늘어난 것에는 통계에 누락된 것이 포착된 것도 영향을 미쳤다고 생각된다. 총독부가 거의 누락 없이 실태를 파악하게 된 1913년 이후부터는 재래종은 빠르게 감소하여 1919년에는 296매로 줄어들었고, 그 이후에는 통계에서 자취가 사라질 만큼 미미한 수준으로 떨어졌다. 순수종은 1910년에 1만 1,347매가 누에떨기 되었는데, 1918년에는 48만 5,547매로 늘어나서 전체 소잠량의 89.4%를 차지하게 되었다. 이후 교잡종이 빠르게 보급되면서 순수종 소잠량은 1927년에는 1만 4,623매로 줄어들었지만, 1931년에는 다시 2만 매대로 늘어났고, 이후 1943년까지 2만 매대에서 변동하였다. 교잡종은 1918년에 5만 1,112매였는데, 이후 지속적으로 증가하여 1941년에는 109만 7,322매로 증가하였다. 1925년에는 순수종도 빠르게 감소하고 교잡종이 빠르게 늘어 교잡종의 비율이 96%를 차지하게 되었고, 그 이후에는 97% 내지 98%를 차지하였다.

품종별 소잠매수당 산견량은 누에씨의 우수성을 보여 주는 지표라 할 수 있다. 재래종, 순수종, 교잡종의 소잠매수당 산견량의 추이를 도시한 것이 그림 14이다. 우선 소잠매수당 산견량의 추이를 살펴보면, 1910년에는 154.8홉(合)• 이었는데, 1937년에는 687.4홉으로 1910년의 4.44배가 되었으며, 이

홉: 1홉은 180.39ml이다.

|그림 14| **품종별 소잠매수당 산견량**

(단위: 홉/매)

자료: 그림 13 참조.

후 감소하여 1943년에는 408홉이 되었다. 소잠매수당 산견량의 변화에는 우량 누에씨로의 교체 효과도 있으며, 누에고치 사육 방법 개량의 효과도 있다. 우선 품종별 소잠매수당 산견량의 차이를 보면, 재래종은 1910년에 150홉이었는데 이후 제자리걸음을 하다가 감소하여 1919년에는 84.5홉으로 되었다. 순수종은 1910년에 188.2홉으로 재래종보다 25.5% 더 높았으며, 1917년에는 222홉으로 늘었다가 이후 200홉대 내외에서 변동하였다. 1925년에는

306.7홉으로 늘어나고 이후 빠르게 상승하여 1935년에는 604홉으로 늘었지만, 앞서 살펴본 것처럼 1925년 이후에는 순수종의 비중이 매우 적었다. 교잡종은 1918년에 324.2홉으로 순수종보다 51.9%, 재래종보다 147% 더 컸다. 교잡종의 소잠매수당 산견량은 이후 지속적으로 증가하여 1936년에 690.4홉으로 늘었으며, 이후 감소하여 1943년에는 408.7홉이 되었다.

장려 품종의 지정 못지 않게 중요한 것이, 이 장려 품종을 어떻게 제조하여 배분하는 체계를 만들 것인가 하는 것이다. 농가에게 판매하기 위해 잠종업자가 제조하는 잠종을 보통잠종이라고 하고, 정부의 잠종제조기관이 잠종업자에게 배부하기 위해 만든 잠종을 원잠종이라고 한다. 원잠종의 제조 및 배부는 1911년 이후 권업모범장 용산 지장에서 수행하였는데, 1913년에는 그 기능을 강화하기 위해 권업모범장에 원잠종제조소를 만들었다. 원잠종제조소는 원잠종의 제조와 배부뿐만 아니라 새로운 잠종의 육성 및 잠업 일반에 관한 시험 조사를 진행하였다. 당시에는 권업모범장에서 우량 잠종을 제조 배부하는 것 이외에 일본에서 잠종을 수입하여 배부하기도 하였으며, 도(道) 종묘장에서도 잠종 제조를 보조하였다. 그뿐만 아니라 잠종업자들에게도 일본종으로부터 우량 잠종을 공동구입하여 우량 잠종 제조를 권장하였는데, 다양한 품종이 섞이는 문제가 발생하였다.

잠종의 제조를 보다 체계적으로 관리하기 위해 원원잠종–원잠종–보통잠종의 제조 체계를 만들었는데, 원잠종제조소가 제조한 원잠종은 원원잠종이라고 한다. 이 원원잠종은 지방청에 배부되었으며, 지방청에서 그 산하 잠업기관에게 사육하게 하여, 그 지역 관내에서 소요되는 원잠종을 제조 배부하게 하였다. 그리고 불가피한 경우 일본으로부터 수입하여 보충하기도 하지만, 그 경우에도 한국에서 제조하고 배부되는 잠종에 해당하는 품종을 선택하도록 하여, 잠종의 개량과 통일을 이루는 방침을 세웠다.

잠종의 부족 문제를 해결하기 위해 주로 양잠전습소의 수료생이나 농업학교 출신의 졸업생을 모아 1914년부터는 잠종제조업자의 양성과 강습 등 교육을 실시함으로써 우수한 잠종제조업자의 증가를 유도하였다. 잠종의 국내 생산을 늘리기 위하여 1915

년에는 경기도 고양군 잠실리에 일본에서 업자를 데려와 잠종제조단지를 조성하였다. 그렇지만 양잠의 증가 속도가 매우 빨라 그 수요를 다 채우지 못해, 1917년에도 잠종 수요의 30%가량을 일본에서 수입해 오는 형편이어서, 민간의 잠종 제조를 더욱 적극적으로 장려하여 우량 잠종이 충분하게 공급될 수 있도록 하였다.

민간 잠종제조업자들의 잠종 제조가 늘어나면서 이에 대한 관리·감독이 중요해지게 되었다. 우량 잠종의 경우에도 누에고치의 품질이 퇴화하는 경향이 나타나서, 한국에서 생산된 누에고치의 품질에 대한 일본 시장에서의 우려가 커지고 있었다. 각 도에서는 잠종 제조를 단속하기 위해 잠업취체소를 만들기도 하고, 잠종 제조를 허가제로 운영하기도 하고, 도의 단속규정을 만들기도 하였지만, 전국에 일관적인 단속 체계가 출현한 것은 1919년 '조선잠업령'이 제정되면서부터였다. 조선잠업령은 누에 병 및 뽕나무 병충해 예방과 잠종의 제조단속 등에 대한 기준을 정하였다.

양잠농가의 생산성 향상과 규모의 영세성

농가가 개선된 양잠법을 학습할 수 있었던 중요한 2가지 기술전수 장소는 지방잠업전습소와 애누에 공동사육소였다. 지방잠업전습소는 1905년부터 만들어지기 시작하였다. 1905년에는 경기도에 소재한 소사잠업전습소와 양지잠업전습소 그리고 경상남도에 소재한 안의잠업전습소 3개소가 개소되었다. 이후 1907년에는 2개소, 1908년에는 1개소, 1909년에는 9개소가 개소되어 점차 늘어났는데, 1910년에는 35개에 이르렀으며, 1914년에는 95개에 달하였다. 1914년에 존재한 95개의 지방잠업전습소 중 71개소는 수산비 경영 지방잠업전습소였고, 10개소는 지방비 경영 지방잠업전소였고, 14개소는 개인 경영 지방잠업전습소였다. 전습소는 6개월 내외의 교육을 시켰는데, 1910년대 전반에는 1,800명 내외의 졸업생을 배출하였다. 이 전습소에서는 재래종이 아닌 일본종 누에씨를 누에떨기하여 누에고치를 생산하였으며, 생산된 누에고치는 주로 시장에 판매하였는데, 지방잠업전습소는 이후 공동판매의 거점으로 활용되었다.

또 한 장소는 애누에 공동사육소이다. 애누에 공동사육소는 1908년 함창군 수하면에 설치된 수하면이안리치잠공동사육소가 최초의 것으로 알려져 있다. 1909년에는 8개로 늘었고, 1910년에는 31개로 늘었다(農商工部殖産局農務課 1910: 104~107). 애누에 공동사육소에는 2가지 유형이 있다. 첫 번째 유형은 전습형 애누에 공동사육소•이고, 두 번째 유형은 경제형 애누에 공동사육소•이다. 이 시기 설립된 애누에 공동사육소는 대부분 전습형 애누에 공동사육소였다.

전습형 애누에 공동사육소: 개선된 양잠 기술을 보급하기 위해 설치한 애누에 공동사육소. 양잠농가가 어느 정도 모여 있는 촌락을 대상으로 결성하여 그중 한 농가를 선택해서, 그 농가의 잠실을 애누에 공동사육소로 활용하는데, 양잠 기술자를 배치하여 개선된 양잠 기술을 보급시킨다.

경제형 애누에 공동사육소: 애누에 사육에서 경비의 절감과 규모의 경제를 실현하기 위해 운영하는 애누에 공동사육소.

1912년 '잠업 장려에 관한 건'에서 조선총독부는 애누에 공동사육을 더욱 강력하게 권장하였다. 애누에 공동사육은 양잠 사육 상황에 이익이 될 뿐만 아니라 양잠 기술을 간편하고 빠르게 보급하는 방법이라 여겼기 때문이다. 애누에 공동사육소의 설치 및 운영은 국고 보조사업으로 이루어졌고 종래의 양잠 지역과 그 밖에 장차 주요 양잠이 활성화될 수 있는 예상 지역에 설치하도록 하는 것을 목적으로 진행되었다.

그림 15에 제시된 애누에 공동사육소의 추이를 보면, 1908년에 1개였는데, 이후 빠르게 증가하여

|그림 15| 애누에 공동사육소와 애누에 공동사육에 참가하는 양잠농가호수

(단위: 소, 호, %)

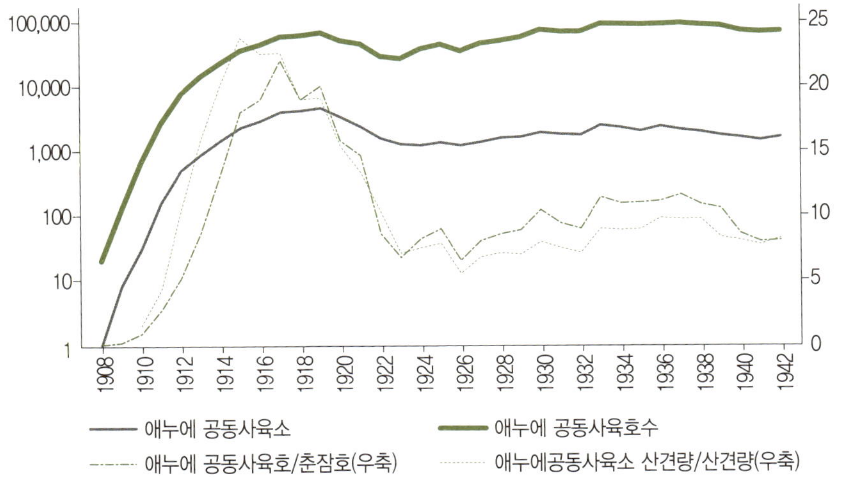

자료: 『朝鮮の蠶絲業』, 各年版.

1917년에는 4,009개로 늘어났다. 1917년 애누에 공동사육에 동참한 양잠호수는 5만 9,747호로 전체 양잠호수의 22%를 차지하였으며, 애누에 공동사육에 동참한 양잠호수가 생산한 산견량은 전체 산견량의 22.6%에 달하였다. 1919년까지는 애누에 공동사육소가 계속 늘어 4,631개소에 공동사육호수가 6만 8,840호에 이르렀지만, 이후 감소하여 1926년에는 1,213개소로 줄어들었다. 1927년부터는 다시 증가하여 1936년에는 2,384개소로 늘었으며, 공동

|그림 16| **전체 양잠농가와 애누에 공동사육에 참가하는 양잠농가의 호당 소잠량**

(단위: 매/호)

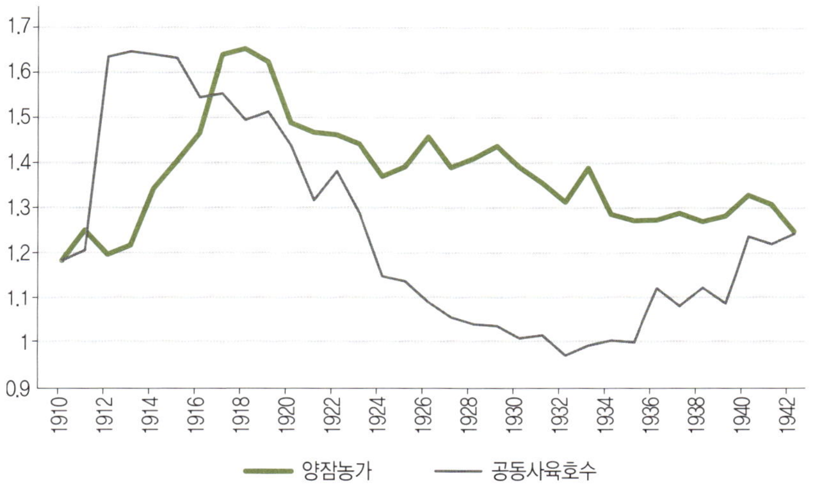

자료: 『朝鮮の蠶絲業』, 各年版

사육호수는 9만 1,613호가 되었다. 1936년은 1919년과 비교하면 공동사육소는 줄었지만, 공동사육호수는 늘어나 공동사육소당 공동사육 참가호수는 더 증대되었다고 할 수 있다. 1910년대에는 누에씨 품종이 재래종에서 일본종으로 교체되었는데, 애누에 공동사육소는 일본종을 사육하는 양잠법을 보급하는 데 매우 중요한 역할을 하였다.

그림 16에 제시된 애누에 공동사육에 참가하는 양잠농가의 경영 규모 추이는 애누에 공동사육소의

역할을 파악하는 데 중요한 지표이다. 1910년 애누에 공동사육에 참가하는 양잠농가의 호당 소잠량은 1.18매로 전체 양잠농가의 호당 소잠량 1.18매와 거의 같았다. 그러나 이후 빠르게 증가하여 1912년에는 1.64매로 늘어났는데, 이와 같은 양잠 규모의 증가는 일반 양잠농가의 규모 증가를 선행하는 것이어서, 보다 큰 규모의 양잠을 하도록 유도하는 양잠법을 보급시켰다고 할 수 있다. 그러나 1916년부터 애누에 공동사육에 참가하는 양잠농가의 호당 소잠량은 빠르게 감소하여 1932년에는 0.97매로 감소하였다. 새로 양잠할 농가를 모으고, 영세한 양잠농가들에게 개선된 양잠법을 보급시키는 것으로 역점이 전환되었음을 보여 준다.

조선총독부는 애누에 공동사육의 성과로 소잠매수당 산견량을 증대시킨 것과 생산된 누에고치의 판매율을 높인 것, 그리고 판매단가를 높인 것 등을 들었다.

소잠매수당 산견량을 올리는 데 애누에 공동사육소가 어떠한 역할을 하였는지는 애누에 공동사육에 참가하는 양잠농가와 전체 양잠농가의 소잠매수당 산견량의 추이를 비교함으로써 파악할 수 있다.

|그림 17| 전체 양잠농가와 애누에 공동사육에 참가하는 양잠농가의 소잠매수당 산견량

(단위: 홉/매)

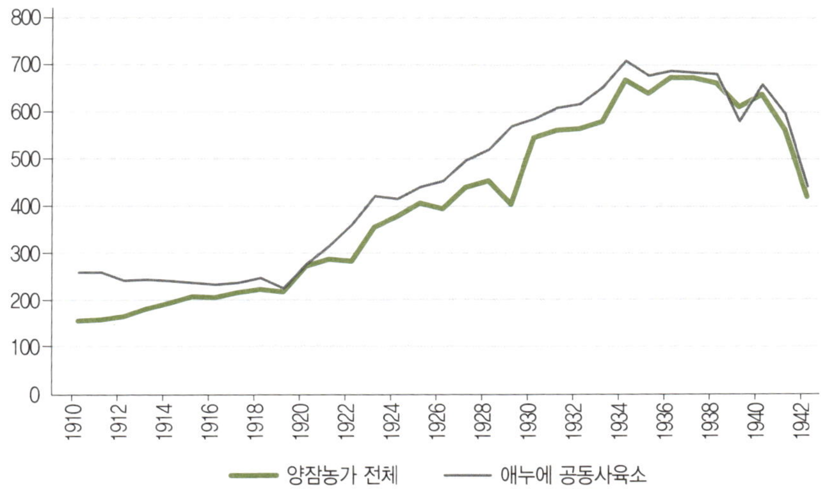

자료: 『朝鮮の蠶絲業』, 各年版

1910년에는 애누에 공동사육에 참가하는 양잠농가의 경우 소잠매수당 산견량이 259홉이었지만, 양잠농가 전체의 소잠매수당 산견량은 154홉이었다. 애누에 공동사육소는 재래종이 아니라 일본종을 누에떨기함으로써 더 높은 소잠매수당 산견량을 얻었음을 보여 준다. 일반 양잠농가들도 점차 재래종에서 일본종으로 누에씨 품종을 바꾸어, 1919년에는 애누에 공동사육에 참가하는 양잠농가는 225홉, 전체 양잠농가는 216.9홉으로 큰 차이가 없어지게 되었다. 그러나 1921년부터는 다시 애누에 공동사육에 참가하는 양잠농가가 전체 양잠농가를 선도하면서 소잠매수당 산견량을 올리고 있었는데, 애누에 공동사육소가 누에씨 품종을 순수종에서 교잡종으로 교체하고, 누에 사육 방법을 개량하는 것을 선도하였기 때문이었다. 그와 같은 선도적인 역할은 1930년대 후반이 되면 사라졌다.

앞에서는 품종별 소잠매수당 산견량을 살펴보았다. 이것의 상승에는 품종의 우수성도 기여하지만 누에 사육 기술도 기여하였다. 이를 살펴보기 위해, 누에씨의 품종을 보다 세분하여 세부 품종별 소잠매수당 산견량을 살펴보도록 한다. 누에씨의 품종을 재래종, 순수종, 교잡종이라고만 분류하였는데, 이것은 품종의 대분류에 해당하고, 그 속에도 여러 종류의 누에씨 품종이 있다. 순수종에는 일본종과 중국종과 유럽종이 있고, 교잡종에는 백견종과 황견종이 있고, 백견종에는 일본종－중국종(日支), 중국종－유럽종(支歐), 중국종－중국종(支支) 등 다양한 누에씨 품종의 교배로 얻은 누에씨 품종들이 있었다. 여기에서는 이와 같은 누에씨 품종 간의 차이를 모두 고찰할 수는 없다. 춘잠에 한

정해서 순수종 중 일본종, 순수종 중 중국종, 순수종 중 유럽종, 교잡종 중 백견종, 교잡종 중 황견종 등 중분류 수준에서만 소잠매수당 산견량을 살펴본다. 1922년을 보면, 순수종 중 일본종은 252.3홉인데, 순수종 중 중국종은 335.8홉으로 일본종보다 35.4% 더 높았고, 순수종 중 유럽종은 341.7홉으로 일본종보다 높았다. 교잡종 중 백견종은 343.1홉인데, 교잡종 중 황견종은 369.7홉으로 백견종보다 7.8% 더 높았다. 황견종은 1918년에서 1940년 동안 1919년, 1920년, 1921년, 1939년, 1940년 5개년을 제외하고는 백견종보다 소잠매수당 산견량이 대체로 10% 정도 더 높았다. 누에씨의 세부 품종 간에도 소잠매수당 산견량에 유의미한 차이가 있기 때문에, 1920년대, 1930년대 재래종, 순수종, 교잡종의 소잠매수당 산견량에는 세부 품종의 변화가 미친 영향도 있을 것이다. 그렇지만 그림 18의 세부 품종별 소잠매수당 산견량의 추이가 모두 1920년대, 1930년대 상승 추세를 보이고 있어서, 누에씨 품종만은 아니고 사육 방식의 개선도 소잠매수당 산견량의 증대에 기여하였다고 보인다.

양잠 경영에는 규모의 경제가 있었는가? 이 문제

|그림 18| **춘잠 중 세부 품종별 소잠매수당 산견량**

(단위: 홉/매)

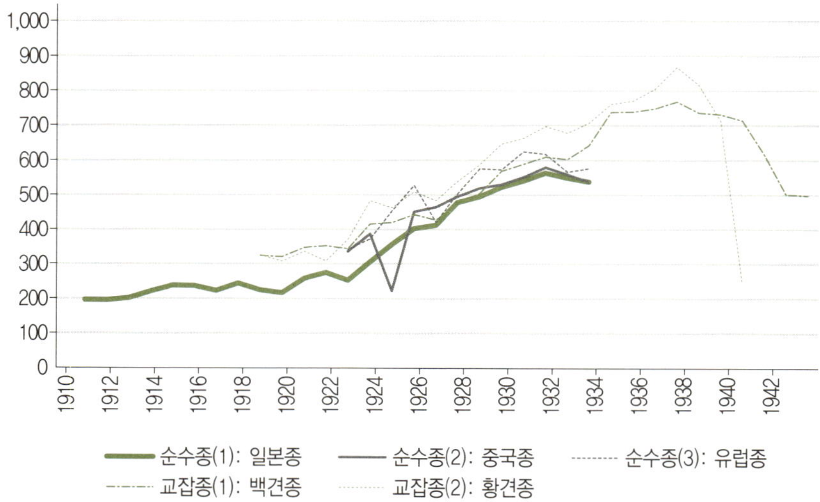

자료: 그림 13 참조.

상견: 판매될 수 있는 질이 좋은 누에고치.

는 양잠 규모별 생산비 차이를 비교해 봄으로써 알 수 있다. 표 3에 제시된 것처럼, 한국의 경우 1931년도 전라남도의 상견(上繭)• 1관문당 생산비는 경영 규모에 따라 큰 차이가 있었다. 춘잠기의 경우 한국인 대양잠가는 1.53원이 들었던 반면, 한국인 소양잠가는 2.26원이 들어서 규모의 경제가 있었음을 보여 준다. 하추잠기의 경우 한국인 대양잠가는 1.57원, 한국인 소양잠가는 2.14원으로 대양잠가의 경우 춘잠보다 더 들었지만, 소양잠가의 경우 춘잠보다 덜 들었다. 그러나 뒤에서 보듯이 한국에서 대양잠가의 비중은 매우 적었다. 왜 규모의 경제가 있었지만, 소양잠가는 규모를 더 늘리지 못하였을까?

만약 한국의 소양잠가가 일본의 양잠농가보다 비용경제성이 없었다고 한다면, 몰락의 길을 걸었을 것이다. 따라서 한국의 소양잠가가 일본의 양잠농가에 비해 비용경제성이 있었는지를 파악할 필요가 있다. 참고로 표 3에는 일본인 양잠가도 포함되어 있다. 한국에서 양잠을 하는 일본인 양잠가는 1911년에는 454호, 1913년에는 522호, 1935년에는 3,038호로 늘어났지만, 1935년 한국의 양잠호수 중에 일본인 양잠호수의 비중은 0.36%여서 매우 적다. 그렇지만 이들은 일본의 양잠가들과 동일한 기술에 의거하고 있다고 할 수 있으므로, 한국과 일본 간 생산요소가격의 차이가 양잠의 경제성에 있어 얼마나 중요한지를 살펴볼 수 있다.

당시 일본의 상견 1관문당 생산비는 3.96원으로 한국의 일본인 양잠가보다는 177% 더 들었고, 한국인 소양잠가에 비할 때 75.5% 더 들었다. 한국은 뽕잎 가격과 인건비가 낮아서, 한국의 일본인 양잠가는 일본의 거의 1/3 가격으로 생산할 수 있었다.

|표 3| 1931년 전라남도의 상견 1관문당 생산비

(단위: 전, %)

			상견 1관문당 생산비							동상중 현금지출
			누에씨대	뽕잎대	노은	잠실비	잠구비	기타	계	
상견 1관문당 생산비	춘잠기	한국인 소양잠가	24	137	34	8	15	8	226	74
		한국인 대양잠가	19	80	28	6	13	7	153	104
		일본인 양잠가	19	76	22	9	11	6	143	92
		평균	21	98	28	7	13	7	174	90
	하추잠기	한국인 소양잠가	21	135	31	8	16	3	214	58
		한국인 대양잠가	17	71	35	9	18	7	157	99
		일본인 양잠가	21	81	46	30	27	8	213	103
		평균	20	96	37	16	20	6	195	87
동상 비율	춘잠기	한국인 소양잠가	10.6	60.6	15.0	3.5	6.6	3.5	100	32.7
		한국인 대양잠가	12.4	52.3	18.3	3.9	8.5	4.6	100	68.0
		일본인 양잠가	13.3	53.1	15.4	6.3	7.7	4.2	100	64.3
		평균	12.1	56.3	16.1	4.0	7.5	4.0	100	51.7
	하추잠기	한국인 소양잠가	9.8	63.1	14.5	3.7	7.5	1.4	100	27.1
		한국인 대양잠가	10.8	45.2	22.3	5.7	11.5	4.5	100	63.1
		일본인 양잠가	9.9	38.0	21.6	14.1	12.7	3.8	100	48.4
		평균	10.3	49.2	19.0	8.2	10.3	3.1	100	44.6

자료: 山田正義(1934: 140~142).

한국인 소양잠가의 경우, 양잠 경영의 규모가 작아서 입게 되는 규모의 불경제, 그리고 생산 기술의 열위에도 불구하고 일본에서의 생산비의 절반을 약간 웃도는 수준에서 생산할 수 있었다. 한국의 경

|표 4| **1934년 춘잠기 양잠가의 소잠매수별 분포**

(단위: 호)

		1매 미만	1매 이상 2매 미만	2매 이상 5매 미만	5매 이상 10매 미만	10매 이상 20매 미만	20매 이상 50매 미만	50매 이상	계
실수	일본인	107	547	879	706	494	221	84	3,038
	한국인	519,995	260,591	52,848	2,057	314	102	32	835,939
	계	520,102	261,138	53,727	2,763	808	323	116	838,977
비율(%)	일본인	3.5	18.0	28.9	23.2	16.3	7.3	2.8	100
	한국인	62.2	31.2	6.3	0.3	0.0	0.0	0.0	100
	계	62.0	31.2	6.4	0.3	0.1	0.0	0.0	100

자료: 『朝鮮總督府調査月報』(1935년 2월).

우 생산요소가격의 저렴함의 이득이 매우 컸음을 보여 준다.

1934년에는 한국 13개 도의 83만 8,977호의 춘잠 소잠량을 조사한 바 있다. 일본인은 3,038호였고, 한국인은 83만 5,939호였다. 일본인 양잠호수 중 춘잠 소잠매수가 2매에 미달하는 호수는 645호로 전체의 21.5%였으며, 나머지는 2매 이상이었다. 반면, 한국인의 경우 93.4%가 2매 미만이었고, 2매를 넘는 것은 6.6%였는데, 그중 6.3%는 2매에서 5매 미만이었다. 조선총독부는 1925년부터 15년간에 걸쳐 '누에고치 100만 석 증수계획'을 수립하였는데, 이 계획은 양잠가 1호당 소잠매수를 춘잠 2

매, 하추잠 1매로 하였지만, 1934년에 이에 부합하는 양잠가는 6.6%에 불과하였다.

1934년 일본의 경우, 소잠매수가 20그램(대략 2매) 미만인 농가는 11.2%에 불과하고, 88.8%는 20그램 이상인데, 이 중 20그램에서 40그램 사이의 농가는 16.8%로 많지 않았다. 즉, 일본 양잠농가의 71.4%는 40그램(대략 4매)을 누에떨기하고 있었다(農林省蠶絲局 1936). 그리고 한국 내 일본인의 경우, 소잠매수별 구성은 일본과 매우 흡사한 구성을 보여 주고 있어, 한국의 양잠 규모의 영세성은 한국의 특성이라기보다는 한국인의 특성에 의거한 바가 크다고 할 수 있다.

한국인들은 왜 양잠에서 규모의 경제가 있음에도 불구하고, 양잠 규모를 늘리지 못하였는가? 양잠을 하기 위해서는 누에고치를 키우기 위한 잠실이 필요하다. 1930년 한국의 양잠농가의 잠실 실태를 조사한 것에 의하면, 한국의 양잠호수 71만 9,161호 중에서 전용 잠실이 있는 것은 1만 4,947호뿐이었다. 전용 잠실은 매우 적어, 대부분이 거택 겸용 잠실이었다. 거택 겸용 잠실의 장점도 있었다. 누에고치를 키우기 위해서는 실내온도를 안정시키기 위해 보온을 하여야 하는데, 온돌 거실의 일부를 잠실로 사용하면 연료비를 따로 들이지 않고, 보온을 할 수 있기 때문이다. 그러나 공기창을 설치하지 않고 온돌 거실의 일부를 잠실로 사용하게 되면 공기 유통이 불량하여 누에고치의 위생에 좋지 않은 결과를 가져올 수 있다. 따라서 통풍을 위해 공기창을 설치할 필요가 있는데, 당시 거실 겸용 잠실로서 공기창을 설치한 것은 23만 9,879호로서 거실 겸용 잠실의 34%였다.

춘잠 2매 정도를 키우기 위해서는 잠실의 규모는 4.5평 정도가 되어야 하지만, 한국의 농가는 거실이 좁아서, 거택 겸용 잠실로는 이와 같은 규모를 마련하기 어려웠다. 표 4에 제시된 1934년 조사에 의하면, 누에씨를 5매 이상 누에털기하는 농가는 4,010호였으며, 2매에서 5매를 누에털기하는 농가가 5만 3,727호였기 때문에, 2매에서 5매를 누에털기하는 농가라도 그중 1/5 정도만 전용 잠실이 있었고, 4/5 정도는 전용 잠실이 없었다고 할 수 있다. 전용 잠실 중 41%는 토실 잠실인데, 토실 잠실은 자력으로 만들 수 있는 것이기는 하지만, 별로 만들지 않은 것이다.

1930년에 전용 잠실은 매우 미미하였고, 거택 겸용 잠실 중 34% 정도만이 공기창이 있는 잠실로 개량되어 있는 정도였는데, 이후에도 잠실의 사정은 크게 개선되지 않았다. 당시 한국의 농가주택은 협소하여서 춘잠 2매 정도를 할 수 있는 4.5평 정도의 거실 겸용 잠실을 마련하기 어려웠다. 平岡謹之助(1939: 540)는 협소한 거실 겸용 잠실이 식민지기 한국의 양잠 경영의 영세성을 규정한 중요한 요인 중의 하나임을 지적한 바 있다.

거택 겸용 잠실 규모의 제약 때문에 큰 누에를 키울 수 있는 양은 늘어나지 않으므로, 소잠량당 산견량이 늘어나면 양잠농가당 소잠량은 줄어들게 되는 것이다. 다만 한국인들이 양잠을 약간 더 할 수 있는 방법이 있었는데, 춘잠 이외에 하추잠을 하는 것이다. 한국의 기후조건은 춘잠의 생산성이 더 높고 하추잠의 생산성이 더 낮음에도 불구하고, 춘잠의 규모를 늘리지 않고 하추잠을 하는 방식으로 대응한 것은 거택 겸용 잠실 규모의 제약으로 양잠 규모를 늘리는 것은 춘잠 규모를 늘리는 것이 아니라, 춘잠 이외에 하추잠을 하는 것이었기 때문이다.

그림 19는 춘잠과 하추잠 농가의 추이를 제시한

|그림 19| **춘잠 농가와 하추잠 농가**

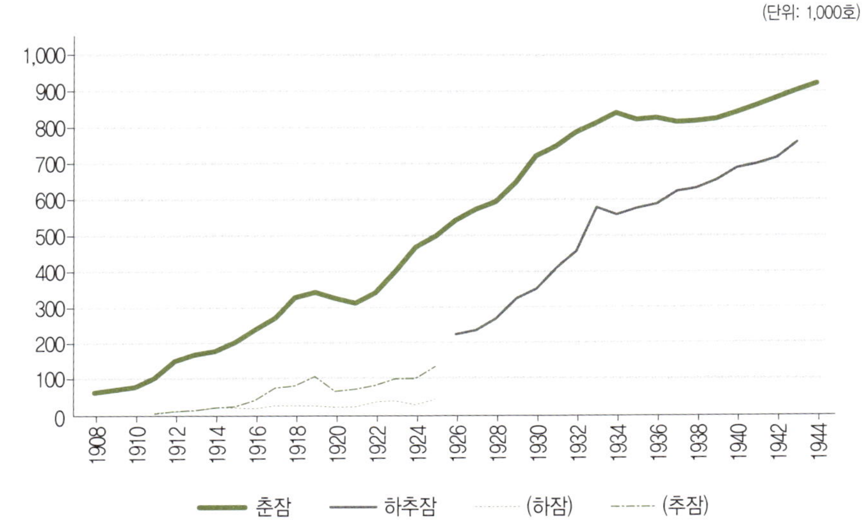

자료: 『朝鮮の蠶絲業』, 各年版.

것이다. 한국의 춘잠호수는 1908년에 6만 1,000호였는데, 1944년에는 92만 2,000호로 늘었다. 하추잠호수는 춘잠호수보다 더 빠르게 늘어, 1943년 하추잠호수는 75만 9,000호로 춘잠호수 90만 3,000호의 84%에 달하게 되었다. 한국에서 누에고치의 증산은 양잠농가 수를 늘리고, 춘잠 이외의 하추잠을 하는 방향으로 진행되었으며, 양잠 생산성의 증대는 양잠농가당 춘잠이나 하추잠 규모를 줄이는 방향으로 작용하였다.

유통질서의 확립과 수출시장의 중요성

한국의 양잠농가들은 영세하였으며, 지역적으로 분산되어 있었고, 교통이 불편한 지역에서 생산하는 양잠농가들도 많아, 생산을 한다고 용이하게 판매할 수 있는 것은 아니었다. 누에고치는 비단을 만드는 핵심 원료로서, 그 수요자는 생활 수준이 높아야 하지만, 누에고치는 당시 아시아 간 경쟁이 심각하여 저임금은 생산 경쟁력을 갖기 위한 조건 중의 하나였다. 저임금 지역에서 생산되지만 고소득 생활자가 소비하는 것이기 때문에, 고소득 지역에서 시장을 확보하지 못하면 크게 성장할 수 없었다.

한국의 양잠농가들의 저임금 노동을 활용하여 누에고치 생산 체계를 발전시키기 위해서는 그것을 고소득 생활자들과 연결시켜 주는 유통 체계를 만들지 않으면 안되었는데, 생산량도 많지 않고 교통도 편리하지 않을 때, 그와 같은 유통 체계는 저절로 형성될 수 없었다.

조선총독부는 잠업을 육성하기 위해서는 유통 체계를 형성하는 것이 필요하다고 생각하였다. 그와 같은 유통 체계로 공동판매 체계를 마련해 갔는데, 이를 위해서는 일정 지역 내에 판매용 누에고치가 어느 정도 규모 이상이 되어야 하였다. 지방잠업전습소와 애누에 공동사육소는 이와 같은 조건에 부합하여, 이후 공동판매 체계를 마련하는 거점으로 활용되었다.

공동판매 체계를 발전시키기 위해서는 공동판매의 알선자가 필요하였는데, 군직원이나 농협과 금융조합 등의 직원이 공동판매의 알선자로서의 역할을 하면서, 공동판매에서 거래의 공정성을 유지·관리하는 역할을 하였다. 누에고치의 공정한 판매를 위해 특히 중요하였던 것은 생산된 누에고치의 등급을 공정하게 판정하는 체계를 만드는 것이었다. 한국에서는 지방행정기관이 중심이 되어 누에고치의 등급을 공정하게 판정하는 체계를 만듦으로써 신뢰할 수 있는 거래 체계가 형성되었다.

생산된 집누에고치(家蠶繭) 중 판매된 집누에고치의 비중을 보면, 1910년에는 1.1%에 불과하였지만, 1910년대 전반에 빠르게 늘어나서 1917년에는 67%에 달하였다. 이후 50%를 전후하여 상당히 큰 폭으로 변동하고 있다. 판매될 수 있는 질이 좋은 누에고치를 상견이라고 하였다. 상견은 누에고치로

|그림 20| **집누에고치 생산량 대비 판매량과 판매량 중 공동판매의 비중**

(단위: %)

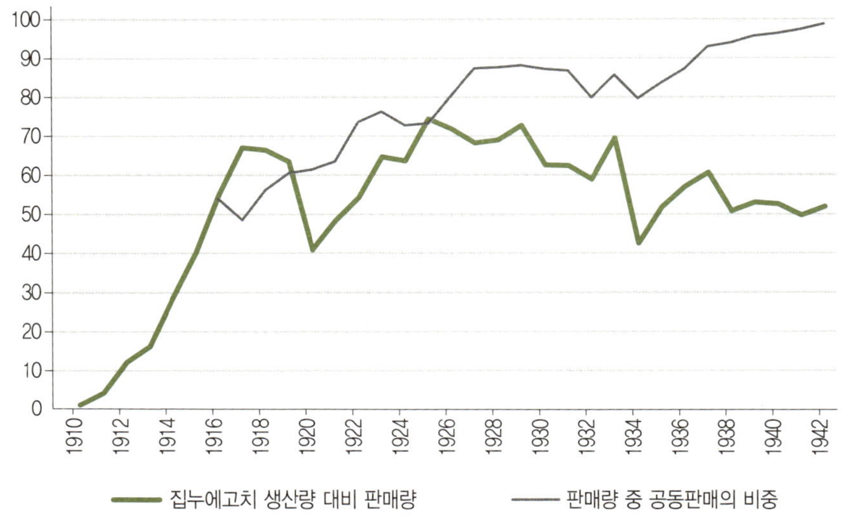

자료: 『朝鮮の蠶絲業』, 各年版.

부터 얻을 수 있는 실의 양(絲量)으로 등급을 나누는데, 당시에는 특등, 1등, 2등, 3등, 4등, 등외로 구분하였다. 춘잠 누에고치의 경우, 생견• 100문당 사량이 12문 이상이 나오면 특등, 11문 이상 12문 미만이 나오면 1등, 10문 이상 11문 미만이 나오면 2등, 9문 이상 10문 미만이 나오면 3등, 8문 이상 9문 미만이 나오면 4등, 7문 이상 8문 미만이 나오면 등외였으며, 추잠 누에고치는 동일한 등급에 요구되

생견: 말리지 않은 누에고치.

는 사량이 1문씩 낮았다. 이 밖에도 중견, 옥견, 설견, 견면 등이 있는데, 옥견은 쌍누에를 의미하고, 설견은 찌꺼기를 의미하였다. 이와 같은 하품의 잠견도 유통되기는 하였지만, 명주를 만들기 위해 자가용으로 사용되기도 하였다.

판매 방식은 공동판매와 개인판매가 있었다. 공동판매의 비중은 1916년에는 53.8%였는데 추세적으로 상승하여 1929년에는 88%에 이른다. 이후 약간 비중이 떨어졌다가 1937년 이후에는 90%를 상회하고, 1942년에는 98.7%를 차지하게 되었다.

영세한 양잠농가들이 공정한 가격으로 누에고치를 판매하도록 하기 위해서는 공정한 거래가격 형성 체계를 만들 필요가 있다. 우선 먼저 생각할 수 있는 방법은 공동판매소에 누에고치 구매자를 모아 경쟁입찰을 시키는 것이었다. 경쟁입찰에 참가하는 누에고치 구매자들의 담합 문제도 있어서, 조선총독부는 예정 가격을 둔 경쟁입찰 방법을 사용하였다. 예정 가격을 둔 경쟁입찰 방법은 공동판매의 알선자인 군, 군잠업조합 및 군농회 등의 직원이 표준 누에고치(사량 10문 이상 11문 미만인 2등 누에고치)에 대한 예정 가격을 산정하여 두고 경쟁입찰을 시키는데, 최고입찰가가 예정 가격 이상인 경우에는 최고입찰자에게 낙찰하고, 최고입찰가가 예정 가격을 하회하는 경우에는 재입찰을 하여 최고입찰자에게 낙찰하는 방식이었다. 예정 가격은 일본에서의 생사 가격, 누에고치를 생사로 만드는 가공비, 판매비, 이익금 등을 고려하여 책정하였다.

1920년대에 한국에서는 제사업이 발전하였다. 한국 내에서 생산하는 누에고치를 한국 내 제사업자에게 판매하게 하고, 누에고치 유통에서 중개업자를 배제하게 되면, 양잠업자와 제사업자의 이득이 모두 늘어날 수 있기 때문에, 제사업자가 특정 공동판매소나 특정 군의 누에고치를 모두 일괄 구매하는 수의계약 방식의 공동판매제도가 출현하였다. 수의계약 방식의 공동판매제도는 특매제•라고도 한다. 일부 도에서 1926년부터 실시되었는데, 1928년 이후에는 거의 모든 공동판매가 수의계약 방법으로 이루어졌다.

특매제: 제사업자가 특정 공동판매소나 특정 군의 누에고치를 모두 일괄 구매하는 수의계약 방식의 공동판매제도.

수의계약에 의한 공동판매제도란 양잠업자와 제사업자가 직접 거래하도록 하여, 중개업자의 이익을 양잠업자와 제사업자가 얻을 수 있도록 하면서, 제사업자에게는 누에고치의 안정적인 확보를,

양잠업자에게는 가격 변동의 위험에 덜 노출되도록 하는 공동판매제도를 지향한 것이며, 이를 구현할 누에고치 가격 결정 모델을 각 도가 고안하여 지정하는 것이었다.

일본은 한국보다 생활 수준이 높기 때문에 중등 품위의 생사에 대한 광범한 수요가 있었으며, 이에 기반하여 발전한 중등 품위의 생산 체계는 미국의 중등 품위의 생사시장에서 압도적인 경쟁력을 가질 수 있게 되었다. 한국의 경우, 일본보다 생활 수준이 낮기 때문에 한국 내에 상급이나 중급 생사에 대한 수요는 크지 않았다. 한국에서 양잠업의 발전은 한국 내 수요가 아니라 일본과 미국의 수요에 기반하여 성장하였다. 물론 1930년대 생사공황의 시기에는 값싼 누에고치를 사용한 내수용 견직업이 발전하기도 하였지만, 내수용 견직업의 발전이 양잠업의 발전을 견인하였다기보다는 양잠업의 발전 이후 도래한 위기 속에서 내수용 견직업이 발전하였다고 보아야 한다(류상윤 2008).

한국은 일본의 식량공급지로 개발되면서 미곡의 매집 및 일본으로의 반출과 관련된 유통 체계가 잘 갖추어져 있으며, 조선미가 대규모로 거래되었

|그림 21| **한국의 가잠견 생산량과 이출량 및 이출 비율**

(단위: 석, %)

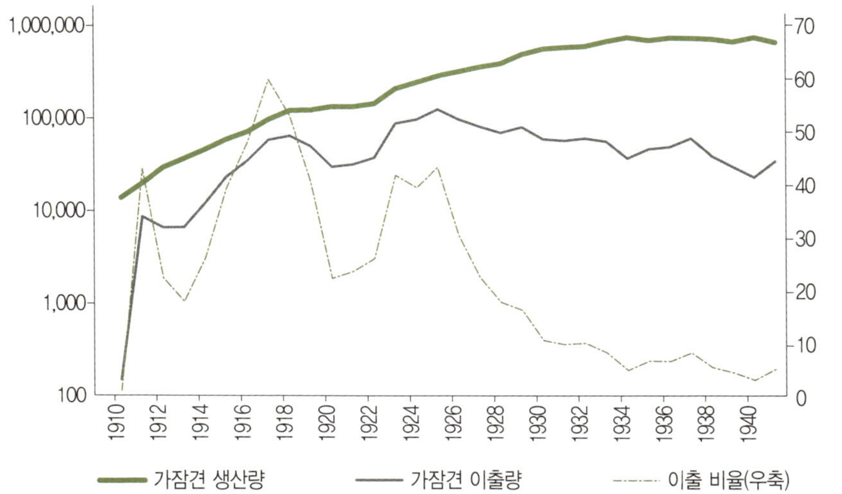

자료: 『朝鮮の蠶絲業』, 各年版.

던 고베와 요코하마는 미국으로의 생사가 수출되는 주요한 대외 창구이기도 하였다.

누에고치는 집에서 기를 수도 있지만, 야생으로 기를 수도 있는데, 집에서 기르는 누에고치를 집누에고치(家蠶繭)라 하였고, 야생에서 기르는 누에고치를 산누에고치(柞蠶繭 또는 野蠶繭)라고 하였다. 그림 21에 제시된 한국에서 생산된 가잠견(家蠶繭) 중 일본으로 이출된 비율을 보면, 1910년에는 1%에 불과하였지만, 1917년에는 59.8%로 성장하였다. 이후 가잠견의 일본으로의 이출 비율은 빠르게 하락하였다. 이것은 한국에서 제사회사들이 발전하면서 가잠견이 아니라 가잠사의 형태로 이출하였기 때문인데, 가잠사는 가잠견에서 뽑아낸 생사를 지칭한다.

그림 22는 한국의 가잠사 생산량과 수이출량● 의 추이를 보여 준다. 한국에서 양잠업이 발전하자 이를 뒤이어 제사업도 발전하였다. 가잠사 생산액은 1915년 8만 8,117.5kg에서 1939년 212만 295kg으로 증가하였다. 24년 동안 24.1배 증가하여 연평균 증가율은 14.2%에 달하였다. 가잠사 수이출량은 1915년에는 360kg이었는데, 1937년에 139만 6,016kg으로 정점을 찍고 이후 감소하였다. 가잠사 생산량에서 수이출량이 차지하는 비중은 1915년 0.4%에서 지속적으로 증가하여 1929년에는 93%에 이르렀다. 1920년대 제사업 성장의 시장적 기초가 수이출시장이었음을 보여 준다. 1930년대에 들어 생산량에서 차지하는 수이출량의 비중이 줄어들기는 하였지만, 1938년까지는 60%를 상회하였다. 1930년대 들어 가잠사 수출 비중이 줄어든 것은 내수용 견직업의 발전으로 국내 가잠사의 수요

수이출량: 식민지 시대에는 일본 제국으로 빠져나간 것을 이출로, 일본 제국 이외의 지역으로 빠져나간 것을 수출로 구분하였으며, 수출량과 이출량을 합한 것을 수이출량이라고 하였다. 가잠사의 경우 수출은 거의 없기 때문에, 수이출량은 이출량으로 보아도 무방하다.

|그림 22| **한국의 가잠사 생산량과 수이출량**

(단위: kg, %)

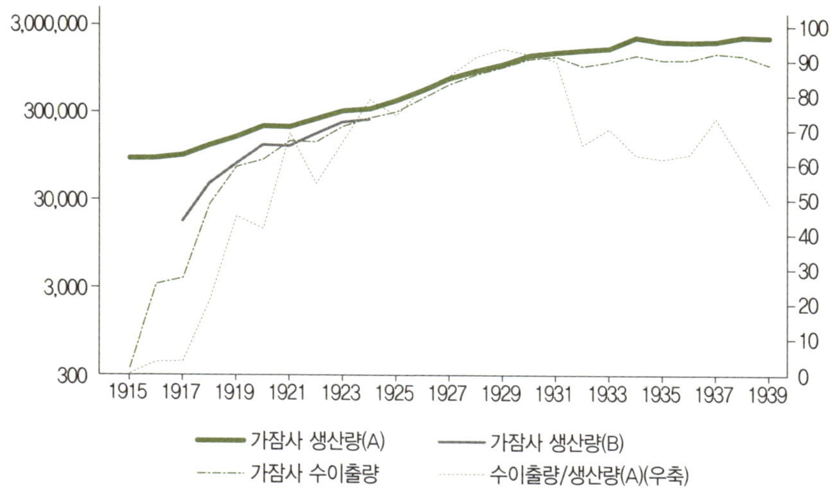

주: 1) 『朝鮮の蠶絲業』에 수록된 가잠사 생산량은 1915~1916년과 1925년 이후의 통계는 재래사를 포함하지만, 1917~1924년 동안 가잠사 생산량은 재래사를 포함하지 않음.
2) 가잠사 생산량(B)는 재래사를 포함하지 않은 가잠사 생산량 통계이며, 가잠사 생산량(A)는 재래사를 포함한 가잠사 생산량임. 1917~1924년 동안의 가잠사 생산량(A)는 가잠사 생산량(B)에 누락된 재래사 생산량의 추정치 78.75톤을 더한 것임.

자료: 『朝鮮の蠶絲業』, 各年版.

가 늘었기 때문이다. 현재 한국에서 가장 유명한 인견 생산지로는 풍기를 들 수 있다. 1930년대에 풍기에서 공장형 견직물(주로 명주) 생산이 발전하였던 것이 그 배경으로 작용하고 있다. 1930년대에 풍기의 공장형 견직물업을 발전시킨 주역은 풍기의 토박이가 아니라 이 지역으로 이주해 온 평안도 사람들, 즉 평안북도 삭주 출신의 김형석, 평안남도 평

양 출신의 김필주 등이었다. 평안도 지역에서 발전하였던 직조 능력과 경상북도 잠사업의 결합이 한국 직물업의 경쟁력을 강화시켜 주고 있었다(이연 2019: 9~13).

1930년대 들어 미국 시장이 축소되고는 있었지만, 한국의 생사 이출에 커다란 감소가 발생하지 않은 것은 일본의 수이출에서 한국산이 차지하는 비중이 크지 않았고, 가격 경쟁력이 있었기 때문이다.

1920년대는 통상적으로 전간기로 불리는데, 세계 경제의 상황은 별로 좋지 않았다. 그렇지만 이 기간 동안 한국의 잠업 기반은 확고해지고 있었다. 이 시기 유럽 경제와는 달리 미국의 경제는 대기대(Great Expectation)의 시대로 불릴만큼 호황을 누리고 있었다. 미국에서의 생사 수요는 크게 늘어나고 있었다. 이를 배경으로 일본의 잠사업이 호황을 누렸고, 한국의 잠사업도 호황을 누렸다.

한국의 잠사업의 발전을 밑받침한 것은 양잠업, 제사업, 상묘생산업, 잠종제조업이 분화되어 모두 효율적인 생산 체계를 마련해 간 것인데, 이를 배경으로 하여 각 업종에서 그 업종의 권익을 대변하는 단체들이 등장하게 되었다. 1920년에는 조선잠사회, 1925년에는 조선제사협회, 1927년에는 조선농회, 1928년에는 잠종제조업조합중앙회가 창립되었다. 이들 단체는 각 업종을 대변하였을 뿐만 아니라 조선총독부의 정책을 각 업종에 관철시키는 가교 역할도 하였다.

태평양전쟁이 일어나기 이전까지 한국의 잠사업은 기본적으로 시장거래에 기초한 것이었다. 그러나 태평양전쟁이 일어나면서, 조선총독부는 모든 산업을 전시체제로 개편하고 강력한 통제를 하게 되었는데, 잠사업도 예외는 아니었다. 태평양전쟁이 시작되기 직전인 1941년 8월에 총독의 인가를 받아서 1941년 12월 8일에 관제회사인 '조선잠사주식회사'(朝鮮蠶絲株式會社)가 설립되었다. 이어서 다음 해인 1942년 3월에는 '조선잠사업통제령'(朝鮮蠶絲業統制令)을 공포하고 이 법령에 따라서 조선잠사주식회사를 조선잠사통제회사로 개편 설립하여 잠사업 전체를 완전한 통제체제로 전환시켰다. 그리고 이것을 계기로 종래 협정제도로 결정하던 누에고치 가격을 조선총독부가 통제하는 공정가격제도로 전환하고 농민이 생산한 누에고치는 일정한 양의 누에고치를 할당하여 강제로 판매하게 하는 소위 공출

(供出)제도로 바뀌었다.

공출제도는 조선총독부가 양잠농가에게 일정한 양의 누에고치를 할당하여 판매를 강제한 제도인데, 누에고치 생산 할당량은 양잠농가가 감당하기에는 과중하여 양잠농가는 상당한 어려움에 처하였다. 앞서 보았듯이 1940년대 전반에는 누에고치 50만 석 급속 증산계획이 수립되고 시행되는 시기이기는 하였지만, 생산의 기반이 허물어지면서 생산량은 감소하고 있었다. 공출제도는 해마다 생산이 줄고 있는 누에고치를 전량 강제 수매하여 제사공장의 원료로 사용하여 생사의 생산량을 일정하게 유지하려는 것이었다.

3

두 번째 고도성장:
1960~1976

식민지기에 일어난 잠사업의 첫 번째 고도성장은 미국과 일본의 생사시장을 대상으로 하여 전개된 것이었다. 미국의 생사시장은 대공황 이후 축소되었고, 일본에서는 생사공황이 발생하였다. 당시 한국은 일본보다는 비용경제성이 있었기 때문에 일본과는 달리 전시기 이전까지는 쇠퇴를 경험하지 않았다. 1945년 해방 이후 한국의 잠사업은 급격한 시장 축소로 인해 장기적인 축소 균형을 경험하였다. 그러나 1960년부터 다시 잠사업의 두 번째 고도성장을 경험하게 되었다.

이 시기의 잠사업도 성장하기 위해서는, 잠종제조업, 상묘생산업, 양잠업, 제사업 간의 긴밀한 조정이 필요한데, 이와 같은 조정을 잠사업 관련 생산자들이 자체적으로 하기는 어려웠다. 잠사업 생태계의 균형 있는 성장을 도모하는 데에는 정부의 역할이 컸다. 따라서 이 장에서도 정부의 잠업 증산 및 구조개혁 계획을 먼저 살펴본다.

첫 번째 고도성장기에는 양잠 생산성에서 일본과의 절대적 격차가 지속되었는데, 그것은 순뽕밭의 비중이 낮아 뽕잎 생산에서 생산성의 차이가 있었기 때문이었다. 두 번째 고도성장기에는 양잠 생산성에서 일본과의 절대적 격차를 해소하였는데, 이것은 뽕잎 생산에서의 생산성 격차를 극복할 수 있었기 때문이다. 따라서 양잠 생산성 향상은 뽕잎 생산에서의 생산성 향상에 초점을 맞추어 고찰한다.

식민지 시기에는 양잠농가의 영세성을 극복하지 못하였는데, 그 핵심에는 양잠 경영을 확대하기 위해 필요한 장기적인 투자 능력이 양잠농가에게는 없었기 때문이었다. 두 번째 고도성장기에는 양잠농가가 경영의 영세성을 벗어나기 시작하였는데, 그 배경에는 양잠농가에 대한 금융적 지원 체계가 있었다. 이와 같은 금융적 지원 체계를 고찰하고, 양잠농가의 경영 규모의 변화에 대해 고찰한다. 마지막으로 한국의 양잠업은 1976년을 정점으로 빠르게 쇠퇴하였다. 저임금에 기반하였던 양잠업이 빠르게 쇠퇴한 것은 한국이 루이스적 전환점을 경과하면서 저임금에 기반한 산업으로부터 고부가가치 산업으로 빠르게 구조전환한 것과 궤를 같이한다. 이것이 한국의 산업구조 고도화에 시사하는 바를 살펴본다.

잠업 증산 및 구조개혁 정책

잠사업을 진흥하기 위한 계획들은 해방 후 수차례에 걸쳐 진행되었지만, 1960년대 이전의 정책들은 잠사업의 시장적 기반을 확보하지 못한 상태에서 이루어진 것이었기 때문에 성공을 거두지는 못하였다. 1960년대에 들어 두 번째 고도성장이 일어날 수 있었던 것은 일본에서의 생사시장 팽창과 그에 대한 우호적인 접근이 가능하였기 때문이었다. 그러나 이와 같은 시장의 기회를 한국이 빠르게 포착하여 잠사업의 고도성장을 구현하는 데에는 상묘생산업, 잠종제조업, 양잠업, 제사업 등 유관 산업들 간의 신속한 조정을 통해 고도성장의 보조를 맞출 수 있게 한 정부의 역할도 중요하였다.

한국은 1970년대 후반부터 잠사업의 경쟁력이 중국에 밀리게 되었으며, 이에 따라 1980년대부터 빠르게 잠사업이 축소되어 갔다. 이것은 경쟁적 우위가 사라지는 산업으로부터 새로운 산업으로의 신속한 자원 재편이 일어났음을 보여 준다. 고도성장 뒤에 빠른 자원 재편이 일어날 수 있었던 것은 정부의 조정이 시장의 기회를 활용할 수 있도록 산업

생태계 전반에 이윤의 합리적인 배분을 추구하였을 뿐, 산업 간 자원이동에 대한 경직적 규제 체계를 두지는 않았기 때문이었다.

두 번째 고도성장에서도 정부의 역할이 중요하였기 때문에, 먼저 잠업 증산 및 구조개혁 계획에 대해 고찰한다.

1945년부터 1960년까지 한국의 잠사업은 장기 퇴조기를 경험하였다. 첫 번째 고도성장을 가져왔던 미국과 일본의 생사시장이 축소되고 또 그에 대한 접근이 차단되면서 양잠업은 수익성을 상실하고 있었다. 이와 같은 수익성의 상실 속에서 농민들은 시장 가격이 좋은 작물 식량 자원 및 다른 부업적 활동을 수행하였으며, 그 결과 양잠업이 축소되어 갔다. 그뿐만 아니라 주로 적산•이었던 제사공장도 관리권을 둘러싼 분쟁으로 매우 어려운 상태에 있었다.

적산: 광복 이전 한국 내에 있던 일제나 일본인 소유의 재산. '귀속재산'이라고도 한다.

이 시대에도 잠사업은 한국이 수출을 하여 외화를 확보할 수 있는 소수의 산업에 해당하였다. 비록 많은 금액은 아니지만, 생사는 미국으로 수출되고 있었고, 외화 부족이 심각한 시기였기 때문에 잠사업을 부흥시켜 외화 획득을 도모하는 정책들이 수립되었다.

1948년 8월 15일에 세워진 대한민국 정부도 마찬가지였다. 정부가 수립되고 얼마 되지 않아 1949년부터 1951년을 계획기간으로 한 누에고치 증산 3개년계획●을 수립하였다. 이 계획은 과잉 제사공장 시설의 정리, 잠사생산자금의 저리융자, 생사 취급 요령, 생사 수출대책 등 잠사업을 부흥시키기 위한 기반을 마련하고자 한 것이었지만, 한국전쟁의 발발로 무산되고 말았다.

누에고치 증산 3개년계획: 해방 후 최초의 누에고치 증산계획으로, 1949년부터 1951년을 계획기간으로 하였지만, 한국전쟁의 발발로 무산되었다.

한국전쟁으로 당시 남아 있던 잠사 관계 시설, 특히 제사공장들이 파괴됨으로써 한국전쟁 이후 한국 잠사업의 상황은 한층 더 나빠졌다. 그러나 수출산업의 육성이 절실하였기 때문에, 1952~1956년을 대상으로 한 5개년 누에고치 증산계획을 수립하게 되었다.

1952년에 농림부가 수립한 잠업증산 5개년계획● 은 1952년부터 1956년을 계획기간으로 하는데, 이 계획은 상전증식계획, 잠종소잠계획, 누에고치 생산계획으로 구성되어 있다. 이 계획은 농가 주요 부업인 양잠을 합리적으로 경영하여 국내 섬유자원의 충족을 기하면서 외화를 획득하도록 하여 국

잠업증산 5개년계획: 6.25전쟁으로 제사공장을 비롯한 잠사 관계 시설들이 큰 피해를 입었는데, 수출산업 육성이 절실하게 요청되어 수립한 누에고치 증산계획.

가 경제 향상에 기여할 것을 목표로 들고 있다. 계획의 세부 내용을 보면, 1952년 누에고치 생산이 5,886.1톤인데, 5개년 동안 누에고치 생산을 84.9% 증산하여 1959년에는 누에고치 생산을 10,882.9톤(2,902,100관)으로 늘리는 것이다. 이를 위해서는 누에씨의 생산을 늘려야 할 뿐만 아니라 누에를 키울 뽕잎 생산을 늘리지 않으면 안된다. 이 계획은 투입물 증가와 생산성 증가를 모두 도모하고 있다. 상전 1단보당 소잠량은 계획 이전에는 1.4매였는데, 1956년에는 1.8매로 늘리고, 잠종 1매당 산견량은 계획 이전에는 춘잠의 경우 4관, 하추잠은 3관이었는데, 1956년에는 춘잠은 4관 500전으로, 하추잠은 3관 500전으로 늘리는 것이다. 이를 위해 상전 관리를 충실히 하고, 잠종을 개량하고, 개량잠구를 보급하도록 하고 있다. 1953년 하반기부터 산업이 한국전쟁 이전 수준을 회복하고 수출도 점차 활발해지면서 증가세로 돌아서기 시작하였다. 당시의 생사는 농산물 중에서 수출 1, 2위를 다투는 품목으로 총 수출액의 3~5%를 차지하였다. 한국생사수출조합도 1952년 8월 1일부터 업무를 개시하고 수출 증진에 박차를 가하여 수출 주력 품목으로 기틀을

잡았지만, 당시의 누에고치 가격은 양잠농가의 생산 증가를 야기할 만큼 높은 시세는 아니었다. 양잠농가의 증산 욕구를 자극할 수준으로 누에고치 가격이 형성되지는 않아 증산은 소기의 성과를 거두지 못하였고, 목표연도인 1956년의 누에고치 생산량은 5,933.5톤으로 1952년에 비해 0.8% 늘어나는데 그쳤다.

1957년에는 주요 농산물에 대한 5개년계획(1958~1962)을 수립하였는데, 미곡생산 5개년 증산계획, 맥류 5개년 증산계획, 잡곡 5개년 증산계획, 서류 5개년 증산계획, 과실증산 5개년계획, 소채증산 5개년계획, 가축증산 5개년계획, 면화증산 5개년계획, 기타 섬유작물 5개년 증산계획, 유지·약용작물 5개년 증산계획, 누에고치 5개년 증산계획 등이 수립되었다. 이 중 누에고치 증산계획을 보면, 양잠농가를 44만 9,271호에서 52만 9,271호로 늘리는 양잠농가 조성계획, 상전을 3만 6,238정보에서 4만 4,238정보로 늘리는 상전조성계획, 소잠량을 37만 5,000매에서 53만 5,000매로 늘리는 소잠증가계획, 누에고치를 161만 3,000관에서 241만 1,000관으로 늘리는 누에고치 증산계획, 누에고치 공동판매를 98

만 8,000관에서 172만 3,000관으로 늘리는 양잠 공동판매계획, 생사 생산을 10만 3,600관에서 18만 4,400관으로 늘리고, 생사 수출을 5만 1,800관(155만 5,000달러)에서 11만 9,900관(359만 7,000달러)으로 늘리는 생사 생산 및 수출계획을 포함하고 있다. 증산을 위해 양잠농가를 늘릴 뿐만 아니라 뽕밭 능률의 향상과 누에 사육 기술의 개량으로 생산성을 향상시키려고 하는 점은 앞의 계획과 동일한데, 이외에 양잠 공동판매계획과 생사 생산 및 수출계획을 포함하고 있다는 점에 특징이 있을 뿐만 아니라 증산을 위해서는 양잠농가의 유인을 강화할 수 있도록 가격 책정에도 신경을 쓰고 있다. 그러나 1962년의 누에고치 생산량은 5,513.2톤으로 1957년의 누에고치 생산량 5,755.5톤에 미치지 못하였다.

1958년에는 미국 국제협조처(ICA) 원조자금에 의한 '누에고치 증산 5개년계획(1959~1963)'이 수립되었는데, 이 증산계획에는 상묘대의 지원, 양잠특설지구 조성, 750명의 지도원 확보 등이 포함되어 있었다. 이때 제안된 양잠특설지구 조성은 1960년대 증산 정책에서도 주된 정책 수단으로 사용된다. 그렇지만 이 계획도 큰 성과를 거두지는 못하였다.

이 시기에 지속적으로 증산계획이 수립되었던 것은 생사가 외화를 벌어들일 수 있는 몇 되지 않는 수출 상품이었기 때문이었다. 1961년에 정부는 새로이 '잠사업증산10개년계획(1961~1970)'을 수립하였으나 이 계획은 1962년부터 추진한 새로운 증산계획으로 대치되었으며, 1961년 말에 우리나라 잠사업의 기반이 되는 새로운 '잠업법'(蠶業法)● 이 제정, 공포되었다.

잠업법: 잠사업의 개량 발전과 그 경영의 안정을 도모하여 국민경제의 발전을 기할 목적으로 1961년에 제정된 법.

광복 후 1962년까지의 기간은 혼란이 거듭하였던 기간이었으며, 한국의 잠사업은 큰 성취를 이루지는 못하였다. 하지만 1962년부터 1976년까지의 15년간은 우리나라 잠사업이 경이적인 발전을 이룩한 시기로 우리나라 잠업사에 크게 기록될 만한 기간이다. 정부는 경제발전에 가장 역점을 두었고 잠업도 중점적인 증산 대상에 해당하였다. 잠업증산계획은 경제개발계획의 일환으로 이 기간 중 3차에 걸쳐서 수립, 추진되었다.

제1차 경제개발 5개년계획의 일환으로 수립한 잠업증산 5개년계획은, 1961년 1월 25일 잠사업계가 정부에 건의한 10개년계획을 참고하여 작성되었는데, 제1차 경제개발 5개년계획 1차산업 부문 증산계획 중 잠업증산계획이 우위를 차지하였다.

제1차 잠업증산 5개년계획(1962~1966)은 이 시기에 병행하여 추진된 제1차 경제개발 5개년계획의 외화 수요를 확보한다는 관점에서 책정되었기 때문에 생사 수출의 대폭적인 증가가 중심적인 목표가 되었다. 즉, 1966년의 생사 수출액을 기준 연도인 1960년 수출 실적의 8.3배인 1,500만 달러로 책정하였다. 이를 위해 1966년의 누에고치 생산량은 기준 연도의 3.3배인 1만 4,600톤으로 설정하였다. 누에고치를 대폭적으로 늘리기 위해 5년 동안 5억 5,500만 주의 뽕나무를 심어 30ha 단위 양잠단지를 전국에 2,464개소 조성하고, 양잠특설지구에 잠업기술지도원을 배치하여 새로운 양잠 기술을 보급하고, 애누에 공동사육장을 설치하고 잠구·상묘대를 국비·지방비로 보조지원하도록 하였다. 이 시기 누에고치 생산량을 늘리는 데 가장 중요한 정책 대상은 뽕밭의 확충이었다. 뽕잎의 수확량은 누에고치의 생산량을 결정하는데, 뽕잎의 수확량은 뽕밭의 면적뿐만 아니라 뽕밭당 뽕잎 수확량도 중요하였다. 이 시기까지 뽕나무는 순뽕밭이 아니라 집이나 논밭 주변에 심은 뽕나무인데, 이것을 순뽕밭 면적으로 환산하여 파악한 것이 견적뽕밭● 면적이었다. 이러한 뽕나무는 뽕나무 다듬기나 비배 관리가 잘 되지 않아, 뽕나무당 뽕잎 수확량이 많지 않았다. 이 시기에는 이와 같은 견적뽕밭을 순뽕밭으로 전환하여 뽕잎 수확량을 늘리는 것도 정책으로 포함하고 있었다. 이 시기 잠업 증산은 상묘 생산에서부터 잠견 생산 및 공동판매, 생사 생산 및 수출까지 정부가 직접 또는 통제 개입하는 등 정부 주도 사업으로 추진하였다. 사업의 양적 측면의 성과를 보면, 계획기간 중 식상 실적은 계획 대비 95.6%, 누에고치 생산량은 계획 대비 97.6%로 성공적으로 평가되었다. 생사류 수출은 1965년 한일 국교 정상화가 이루어지면서 일본 수출이 순조롭게 추진되어 계획을 초과 달성함으로써 제2차 증산계획을 추진하는 밑거름이 되었다. 이 시기부터는 투·융자가 주요한 정책 수단으로 활용되었는데, 투·융자 실적을 보면 5년간 총투자액은 1,391백만 원으로 계획 1,600백만 원의 87%로 목표에는 미달하였으나 융자액은 339백만 원으로 계획 312백만 원의 109%로 목표를 초과함으로써 제1차 잠업증산 5개년계획은 생산이나 정부재정 지원 측면에서 성공적이었다.

견적뽕밭: 밭두렁이나 담장 등의 유휴지에 고수식으로 심은 뽕나무들을 순뽕밭으로 환산한 것.

제2차 잠업증산 5개년계획(1967~1971)은 제2차 경제개발 5개년계획 기간에 해당하는데, 이때에는 포항제철소를 포함하여 수입대체산업 건설이 폭발적으로 진행되었다. 이를 밑받침하기 위해 막대한 외화가 필요하였으며, 수출을 크게 늘려 온 생사에 대해서도 더 큰 수출 실적을 요구하게 되었다. 제2차 잠업증산 5개년계획은 1965년에 계획이 입안되었지만, 생사 수출 전망이 좋아져서 1967년에 당초 생산계획 목표보다 크게 상향시킨 생산계획 목표를 수행하게 되었다. 즉, 뽕나무 심기는 당초 300백만 주이었던 것을 550백만 주로, 누에고치 생산은 9만 4,100톤 계획에서 12만 6,600톤으로, 생사류 수출액은 1억 4,795만 4,000달러 목표에서 1억 9,340만 달러로 확대 조정되었다.

이 시기에 누에고치를 증산시키기 위해 가장 심열을 기울인 것은 뽕밭 면적의 증대였다. 대규모의 뽕밭 조성을 위해서는 제사 자본이나 관련 유통 자본이 뽕밭 조성에 참여하여야 한다고 판단하여 기업양잠농• 제도를 도입하였다. 이것은 양잠으로 활용될 수 없는 뽕밭 개발을 야기하여 폐지되기는 하였지만, 뽕밭의 급속한 증대를 위한 다양한 노력이

기업양잠농: 대규모 뽕밭을 개발하여 누에고치의 구입권을 독점할 수 있는 뽕밭개발자.

시도되었음을 보여 준다. 제2차 잠업증산 5개년계획의 성과를 보면, 뽕나무 심기 성적은 658백만 주로 계획 대비 120%이었으나 뽕밭 면적은 계획인 114천ha의 71%인 81천여ha, 누에고치 생산은 계획인 12만 6,600톤의 75%인 9만 4,367톤으로 목표에 미달하였다. 그렇지만 생사류 수출액은 국제 생사 가격 상승으로 계획을 크게 초과한 2억 8,200만 달러에 달하였다. 뽕나무 심기 목표가 초과 달성되었지만, 생산성 있는 뽕밭 형성에는 실패하여 누에고치의 증산 목표를 달성하지는 못하였던 셈이다. 이 시기에도 잠업 증산을 위한 투·융자는 활발하게 이루어졌다. 투·융자액은 13,045백만 원으로 계획 9,782백만 원보다 33.4%가 증가하였다. 이 시기에는 전용 잠실의 건설, 근대적인 잠구의 보급, 애누에 공동사육장의 건설 등 사육 기술의 향상도 도모하였다.

제3차 잠업증산 5개년계획(1972~1976)은 제3차 경제개발 5개년계획 기간에 해당한다. 이 시기는 한국이 전환점을 통과하는 시기이고, 중화학공업화를 통해 산업구조의 고도화를 추구하는 시기여서, 토지나 노동의 양적 투입 증대를 통한 증산을 추구할 수 있는 시기는 아니었지만, 이 시기에도 외화가득 산업으로서의 잠사업은 중시되었다. 제3차 잠업증산 5개년계획도 누에고치를 증산하여 잠사류의 수출을 대폭적으로 늘리는 것으로 수립되었다. 이 시기에는 도·농 간의 소득격차 확대로 농가소득 정책 추진의 필요성이 절실히 요구되어, 1968년부터 1971년까지는 농어민소득증대특별사업 제1차 계획이 추진되었고, 1972년부터 1986년까지는 농어민소득증대특별사업 제2차 계획이 수립되었다. 잠사업은 농가소득 정책에 부합하는 사업이기도 해서 중점 육성사업이 될 수 있었다. 그러나 이 시기의 실적은 그렇게 좋지는 않았다. 1974년 8월 1일부터 일본이 생사 수입 규제조치를 취하여 1975년에는 누에고치 가격이 동결되고, 다음 해에도 소폭 인상에 그쳐 누에고치 생산유인이 크지 않았기 때문이다. 사업 실적을 보면, 1975년까지도 부진하였지만 1976년에는 특히 부진하였다. 1976년 뽕밭 면적은 8만 2,876ha로 계획 대비 78.4%, 1976년 누에고치 생산량은 7만 1,704톤으로 계획 대비 88.3%에 그쳤다. 그렇지만 생사류 수출 실적은 9억 7,000만 달러로 계획 대비 195.9%를 달성하였다. 투·융자 실적도 좋지 않았다. 투자 실적은 계획의 68.4%에 불과하였는데, 당초 예정된 국고·지방비가 재정 악화로 중단됨으로써 계획의 42.0% 지원에 그쳤다. 이 시기의 뽕밭 확충은 면적의 외연적 확대가 아니라 뽕밭의 수엽력 증강에 초점이 맞추어졌다. 즉, 비배관리를 강화하고, 뽕나무 다듬기, 수확법 개선, 뽕나무 병충해 예방체제 확립 등에 중점을 두었다. 누에 사육에서도 애누에 공동사육으로 누에고치 품질의 통일화, 고생산력 누에씨의 보급, 누에고치 선택체제의 강화 등에 중점을 두었다.

2차 잠사업 고도성장은 1976년에 막을 내렸지만, 고도성장 체계를 유지하기 어려운 상황적 조건은 1970년대 초반부터 출현하였다. 일본은 오일쇼크로 자국의 잠사업이 타격을 받자, 1974년부터 생사류 수입규제를 시작하였는데, 이것은 증산된 누에고치를 처분하기 어렵게 만들었다. 생산된 누에고치가 전량 다음 기로 이월되는 상황이었으며, 생사 가격도 크게 떨어져서, 누에고치를 생산해도 보관할 창고가 부족하고, 제사업체는 자금압박으로 어려운 상태였다. 1977년에는 더 이상 방치할 수 없을 정도로 잠사업계의 상황이 악화되자, 1977년의 잠업시책은 증산을 억제하고 1976년 수준으로 유지하는 것으로 목표를 수립하였으나 결국은 누에고치 생산량을 감산하는 방향으로 전환되었다. 감산 정책은 당시 상황에서 부득이한 조치였지만, 전국 곳곳에서 잠업을 포기하는 분위기가 팽배하게 되었다.

누에고치 생산량은 감산시책의 추진으로 1977년 3만 1,884톤에서 지속적으로 감소하여 1985년에는 8,996톤으로 1977년의 28.2%에 불과하였다. 누에고치 생산량만 보면 제1차 경제개발 5개년계획이 끝났던 1966년 수준에도 미치지 못하였다. 이로써 농업 생산에서 차지하는 잠업의 비중도 크게 줄어들었다. 농업 생산액 중 잠업 생산액의 비중은 1977년 1.15%에서 1985년 0.35%로 0.8%p가 감소되었다. 생사류 수출도 일본의 수입규제 영향으로 1977년에 5,016톤에서 1985년에는 2,592톤으로 감소하였다.

농촌의 노임이 높아져서 누에고치 생산비가 상승하자 양잠의 수익성은 크게 떨어지고, 이에 따라 많은 양잠농가가 양잠을 포기하게 되었다. 그 결과 누에고치 생산량이 격감하게 되어 잠사업은 그 형태를 유지하기조차 어려운 형편에 이르게 되었다. 또한 거의 모든 제사공장들도 원료인 누에고치의 공급이 이루어지지 않자 휴업 상태에 이르게 되었으며, 다만 외국에서 생사를 수입하여 가공하는 견직업만 어느 정도 유지되었다.

이러한 상황에서 누에의 분말이 당뇨병의 혈당강하제로 효과가 있음이 밝혀지면서 누에의 냉동건조 분말 수요가 증가하게 되었다. 누에고치를 생산하기보다는 차라리 약용으로 하는 것이 수익성이 월등하게 높아짐에 따라 이제 누에고치 생산은 축소되고, 누에의 대부분은 약용으로 사용되었다. 그뿐만 아니라 뽕잎과 그 밖의 잠상산물의 기능성 식품으로서의 이용에 대한 연구도 활발하게 진행되는 등 양잠은 그 성격이 크게 변하게 되었다.

양잠의 목적이 잠사류 생산에서 기능성 식품 생산으로 전환됨에 따라 잠업법 존속의 필요성이 없어져 1999년 1월 21일 잠업법이 폐지되었다. 기능성 양잠산물 생산에 따른 누에사육량이 확대되면서 양잠산업을 건강기능성 소재 산업으로 발전시켜, 농가소득 증대와 친환경산업으로 육성하여 양잠농가의 지속적인 성장과 안정적인 양잠 기반 정착을 기능성 양잠산업 육성 및 지원에 관한 법률: 기능성 양잠산업의 지속적인 성장과 안정적인 양잠 기반 정착을 위하여 필요한 사항을 규정함으로써 기능성 양잠산업을 육성 발전시켜 농가소득 증대를 도모하고, 국민건강과 경제 발전에 기여할 목적으로 2009년에 제정된 법.

위한 「기능성 양잠산업 육성 및 지원에 관한 법률•」이 2009년에 제정되었다. 현재 양잠업은 입는 양잠업에서 먹는 양잠업으로의 구조전환이 진행되고 있지만, 예전의 성세를 되찾을 수는 없는 상태이다.

우량 상묘와 우량 잠종의 보급

제1차 고도성장기에 일본과의 양잠 생산성의 절대적 격차를 온존시킨 것은 뽕나무 재배 체계의 차이였다. 이 시기에 뽕밭에는 순뽕밭도 있었지만, 주된 것은 밭이나 가옥 주변에 심어진 뽕나무들이었다. 식민지기 일본 제사 자본이 한국에 들어와서 양잠소작제도를 활용하였다는 점은 잘 알려져 있다. 그렇지만 순뽕밭이 별로 많지 않았다는 점이 보여주듯, 식민지기 양잠업에서 양잠소작의 형태는 부수적인 것이었고, 주된 형태는 산식형의 뽕나무를 활용한 자작양잠 경영이었으며, 이것은 기본적으로 1960년까지 지속되었다. 특히 해방 이후 뽕밭의 감소는 주로 순뽕밭이었기 때문에, 상전 면적에서 순뽕밭의 비중은 1959년 24%까지 떨어졌다. 그러나 1960년부터의 뽕밭 조성은 주로 순뽕밭이어서 1971

|그림 23| **상전 면적과 순뽕밭 면적의 추이**

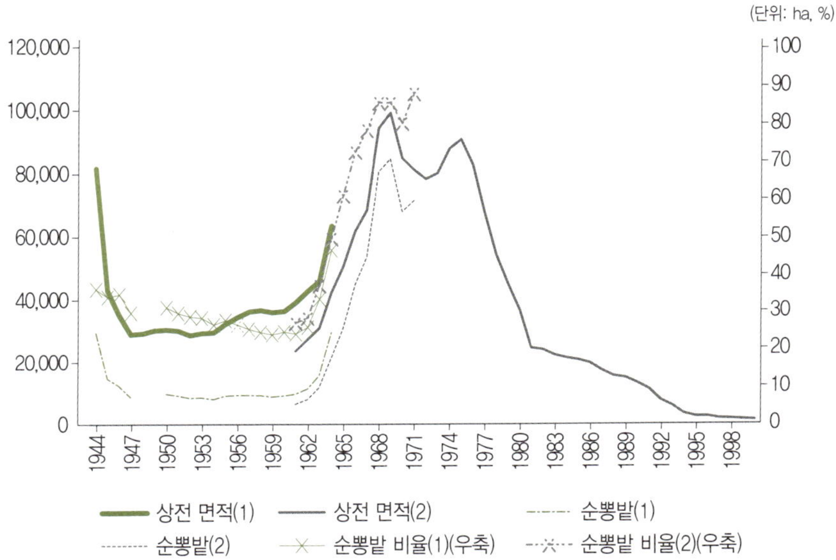

자료: 『농림수산식품통계연보』, 각 연도; 『농림축산식품통계연보』, 각 연도; 『농림수산통계연보』, 각 연도; 『농림수산주요통계』, 각 연도.

년에는 동 비율이 87%로 증가하여, 밭이나 가옥 주변에 심어진 뽕나무의 비중은 1960년부터 감소하였으며, 절대적인 면적도 1965년부터 감소하게 되었다. 이 시기에 보급된 순뽕밭은 이랑 사이 너비가 1.8m, 그루 사이가 0.75m로 10a당 749주를 심는 것이었는데, 이후 대규모 기업양잠농은 뽕밭을 중형 트랙터에 의해 관리할 수 있도록 소식다간식 식재법에 의해 조성한 것도 있었다. 순뽕밭은 인위적으

|그림 24| **보급 뽕 품종 변천도**

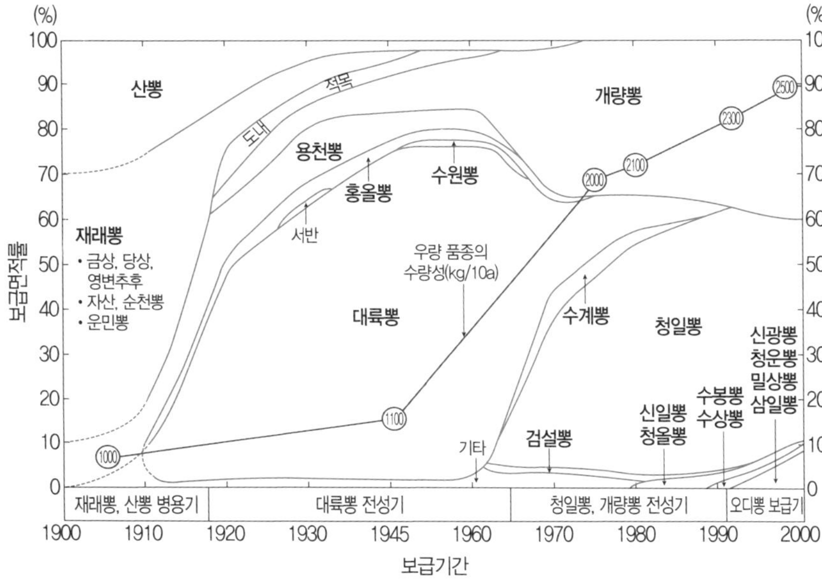

자료: 한국잠사학회 · 농업과학기술원 잠사곤충부(2000: 21)을 참조하여 저자가 작성.

로 수형을 만들고, 비배 관리도 충실히 할 수 있어, 뽕잎 수확을 더 많이 할 수 있다.

그뿐만 아니라 1960년대에 들어서는 개량뽕과 청일뽕이 본격적으로 보급되었다. 1900년대까지는 대체로 재래 뽕나무를 심었는데, 1910년대 들어 대륙뽕을 주로 심게 되었다. 대륙뽕•은 1908년부터 보급이 시작되었으며, 식민지기는 대륙뽕 전성기라 할 수 있다. 그러나 1960년대에는 대륙뽕 대신 개량

대륙뽕: 중국 산동성(山東省)이 원산인 노상(魯桑)을 지칭.

뽕과 청일뽕을 심게 되었다.

개량뽕[●]은 1907년에 육성되어 한국에서는 1923년부터 보급되었는데, 1950년대까지는 20% 수준까지 증가하고 이후에도 지속적으로 증가하여, 2000년대에는 40%를 차지하고 있다. 청일뽕[●]은 1898년에 육성되어 한국에서는 1930년경부터 보급되었으며, 1950년대까지 보급 면적은 미미하였으나 1960년대에 들어 본격적으로 늘어나기 시작하여 1990년경에는 거의 60%를 차지하게 되었다.

개량뽕: 일본 구마모토현(熊本縣)이 원산인 개량서반을 지칭.

청일뽕: 일본 야마나시현(山梨縣)이 원산인 일지리를 지칭.

1960년대와 1970년대 잠사업의 부흥을 이끈 보급 뽕 품종은 개량뽕과 청일뽕이었는데, 이 시기에 개량뽕과 청일뽕이 주를 차지하게 된 것은 1960년대 후반 이후 농촌 노동력 부족 현상이 심화되어 점차 가지뽕치기가 펴져 나갔기 때문이다. 가지뽕치기에는 직립성이며 뽕가지수가 많고 가지길이는 길면서 균일한 지조 구성을 가지는 뽕나무가 유리하다. 개량뽕과 청일뽕이 그러한 특성을 가지고 있었다(한국잠사학회·농업과학기술원 잠사곤충부 2000: 29). 뽕나무를 순뽕밭에 재배하여 수형을 만들고 비배관리가 용이해졌을 뿐만 아니라, 개량뽕과 청일뽕으로 대체되면서, 뽕나무 재배 체계에서도 일본의 생산성을 따라잡을 수 있게 되었다.

뽕밭의 조성에는 잠업특설지구제도를 활용하였다. 잠업특설지구제도는 1958년에 수립된 '누에고치 증산 5개년계획(1959~1963)'에 포함된 제도이다. 이 계획에서는 잠업특설지구당(뽕밭 2ha 기준) 잠업기술지도원 1명을 배치하고, 연간 2,000만~3,000만 주의 식상을 위해 상묘대의 100%를 장기융자(당시 주당 상묘대 14환)로 지원하는데, 지원 규모는 17억 5,500만 환으로 계상하였고, 잠업기술지도원 배치보조비로 17억 2,000만 환을 계상하였다. 잠업특설지구제도는 제2차 고도성장기에도 활용되었다. 1967년에는 제사공장이 대규모 뽕밭을 조성하는 데 참여하도록 기업양잠농육성요강을 마련하였다. 새로운 제사공장을 면허하기 위한 한 가지 방법으로 일정 면적의 뽕밭을 조성하는 사람에게는 그에 상응한 규모의 제사공장 면허를 부여하는 제도로, 그 결과 새로 2만 8,948.9ha의 뽕밭이 조성되었고, 42개의 제사업체가 면허되었다. 기업양잠농제도는 제사공장의 면허를 받기 위한 조건을 확보하기 위해 양잠에 적합하지 않은 오지에 대규모 뽕밭을 조성하는 폐단이 일어났으며, 이러한 폐단들이 부각되면서 1970년에 폐지되었다.

제1차 고도성장기에는 재래 잠종을 순수종이나 1세대 교배종 등 우량 잠종으로 교체한 것이 생산성 향상에 중요한 역할을 하였다. 제2차 고도성장기에도 보다 우수한 잠종의 개발과 보급이 생산성 향상에 중요한 역할을 하였는데, 이 시기의 특징은 보급된 우량 잠종이 우리나라가 독자적으로 육성한 교배종이라는 점이다.

1950년대 초반까지는 식민지 시대의 품종을 계승하여 봄누에(춘잠) 품종으로 일9호×중108호, 여름가을누에(하추잠) 품종으로 일115호×중108호를 보급하였다. 그러나 이 시기까지 그동안 보급되던 품종과 도입 품종을 근간으로 순계분리와 교잡육성에 의한 실용형질의 안정도 향상, 그리고 우리나라 기후 풍토에 대한 적응도 향상에 대한 사업이 이루어져, 독자육성의 교배종을 생산할 수 있게 된 것이다. 1953년에는 독자육성한 교배종 품종으로 봄누에 품종인 북악×한강과, 봄가을 겸용 품종인 백두×금강이 최초로 장려 품종으로 지정되었고, 이후 다양한 독자육성 교배종을 만들어 나갔다(한국잠사학회·농업과학기술원 잠사곤충부 2000: 121).

특기할 점은 보급 잠종이 상당한 수준으로 수출되었다는 점이다. 보급 잠종의 수출은 정부의 특별한 지원 없이 잠종제조자가 수출 대행회사를 통하여 실시하였다. 1967년에 인도에 4,800달러어치를 판매한 것이 시초이다. 이후 한국잠종협회가 적극적인 시장개척 활동을 전개하여 이란에는 1976년부터 1990년까지 매년 40,000~75,000상자를 수출하였고, 파키스탄에는 1976년부터 1985년 기간 중(1983, 1984년 제외) 매년 100~18,930상자를, 태국에는 1977년에 8,000상자, 이후 1986년부터 1990년까지 연간 200~2,000상자 상당량을 수출하였다. 그러나 1990년 이후 우리나라 잠종의 주 수입국이던 이란이 수입처를 수교국인 북한으로 전환하면서 이란에 대한 수출이 중단되었고, 우즈베키스탄 등으로 시험용으로 일부 수출되기는 하였으나 그 수출량은 아주 미미한 상황이었다.

잠종 수출은 수출용으로 별도로 제조한 것이 아니고, 국내 소요량을 충족한 잉여 잠종을 수출하는 것이어서, 국내 양잠업이 쇠퇴하면서 잠종의 수출력도 쇠퇴하였다.

|그림 25| 보급 잠종의 수출 실적

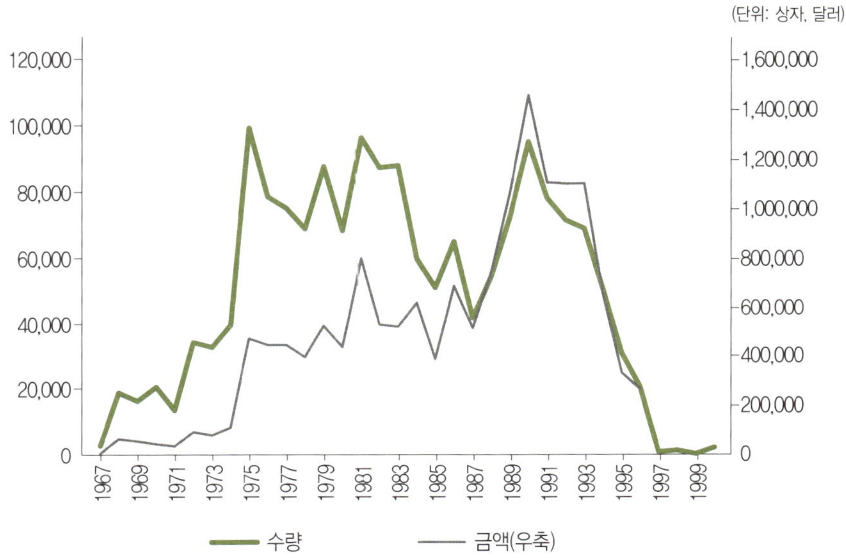

자료: 한국잠사학회·농업과학기술원 잠사곤충부(2000: 149).

양잠농가에 대한 금융적 지원 체계와 양잠농가의 경영 규모 확대

제1차 고도성장기에는 양잠농가들이 경영 개선을 도모할 수 있도록 하는 금융적 지원 체계가 갖추어져 있지 않았다. 제2차 고도성장기의 특징으로는 양잠농가들이 경영 개선을 도모할 수 있도록 하는 금융적 지원 체계가 갖추어져 갔다. 이와 같은 금융적 지원 체계로 양잠농가들은 경영 영세성을 극복할 수 있었다. 여기에서는 양잠농가에 대한 금융적 지원 체계와 양잠농가의 경영 규모의 추이에 대해 고찰한다.

부흥기에도 다양한 양잠증산계획들이 수립되었지만 좋은 성과를 거두지 못한 배경으로는, 양잠업이 발전할 수 있는 시장 환경이 조성되지 않았다는 점뿐만 아니라, 양잠농가들에 대한 적절한 금융적 지원 체계가 갖추어져 있지 않았다는 점이다. 그러나 제2차 고도성장기에는 이와 같은 금융적 지원 체계가 갖추어져 갔다.

먼저 잠업증산계획과 관련된 투·융자 제도의 정비이다. 제1차 잠업증산계획과 제2차 잠업증산계획에서의 투·융자 실적에 대해서는 앞에서 언급하였기 때문에, 여기에서는 제3차 잠업진흥 5개년계획(1972~1976)에 한정하여 살펴보도록 한다. 제3차 잠업진흥 5개년계획에서의 투자총액은 154억 4,174만 원이었는데, 이 중 국비는 17%인 26억 2,547만 원, 지방비는 15.7%인 24억 1,907만 원, 융자는 22.9%인 35억 3,717만 원, 자기자금은 43.2%인 66

억 7,600만 원, 기타가 1.2%인 1억 8,404만 원이었다. 이 계획을 보면 자기자본을 상회하는 국비나 지방비 보조 및 융자가 이루어졌다. 이 중 융자는 잠실, 다목적 잠실, 개량잠구 보급 등 양잠농가들의 시설투자에 대해 이루어졌다. 애누에 공동사육장은 양잠농가의 생산성 향상을 위한 공동시설로, 양잠농가 개인의 시설은 아니지만 융자가 이루어졌다. 이를 제외하고는 국비나 지방비 보조가 이루어졌는데, 식상이나 뽕밭 관리와 같은 양잠농가들에 대한 보조도 이루어졌다. 물론 국비나 지방비 보조가 이루어진 사업은 개별 양잠농가의 투자에 국한된 것은 아니었다.

개별 양잠농가들이 잠실이나 잠구와 같은 시설투자를 하거나 뽕밭을 만드는 데 드는 비용의 일부를 국가가 융자하거나 보조하는 체계를 갖춘 것은 양잠농가들의 경영력 개선에 기여하였다. 잠실건설자금에 대한 융자 방식은 시기에 따라 변화하였는데, 1971년 8월부터는 융자조건이 더 좋아졌다. 그 이전에는 잠실 한 동당 6만 원까지 담보융자를 하였지만, 이때부터 잠실 한 동당 10만 원까지 신용융자를 하였으며, 융자조건도 연 9%에 2년 거치 3년 상

|표 5| 1972~1976년도 양잠진흥사업 투자 실적

(단위: 1,000원)

	국비	지방비	융자	자기자금	기타	계
식상	660,086	665,915	0	4,291,485	0	5,617,486
뽕밭비료	152,179	152,186	0	454,984	0	759,349
뽕밭약제	61,726	54,355	0	88,298	0	204,379
농용석회	0	934	0	0	0	934
오갈병상묘대	0	9,464	0	14,200	23,664	47,328
누에고치생산공동방제	116,811	0	0	0	129,985	246,796
잠실	0	0	2,576,809	1,350,218	0	3,927,027
다목적 잠실	0	0	148,000	37,000	0	185,000
양잠약제(잠실소독)	0	24,869	0	17,178	0	42,047
개량잠구 보급	0	94,414	95,780	139,076	0	329,270
애누에 공동사육장	557,424	45,936	716,580	158,054	0	1,477,994
애누에 공동사육기구	0	36,520	0	46,442	0	82,962
애누에 공동상전	0	220,932	0	12,160	0	233,092
다조조사기	5,500	5,500	0	0	0	11,000
자견기	6,000	6,000	0	0	0	12,000
건견기	16,500	16,500	0	0	0	33,000
잠업 기술 보급(연수원)	88,629	0	0	27,963	30,390	146,982
잠업기술요원	773,856	826,165	0	38,941	0	1,638,962
누에고치 검정용 자동조사기	125,040	126,682	0	0	0	251,722
누에고치 견질조사비	3,801	0	0	0	0	3,801
원잠종 생산	21,551	132,694	0	0	0	154,245
국립잠종장	36,364	0	0	0	0	36,364
계	2,625,467	2,419,066	3,537,169	6,675,999	184,039	15,441,740

자료: 농수산부(1977: 16~25).

환하던 것을 3년 거치 4년 분할 상환하는 것으로 바꾸었으며, 융자금은 농협을 통해 대출되었다(『매일경제』, 1971년 8월 20일).

잠사업은 자급적 생산 활동이 아니라 상업적 생산 활동이다. 상업적 활동의 성과는 개인의 노력에 전적으로 귀속되는 것이 아니라 생산한 상품의 시장 가격 수준에 의해서도 영향을 받는데, 누에고치나 생사의 시장 가격은 수급의 변동에 따라 크게 변할 수 있다. 이와 같은 가격변동성은 경영 실패로 이어질 수 있다. 가격 변동에 의한 손실을 보상해줄 수 있는 금융적 지원 체계는 경영의 안정성을 가져올 수 있다. 두 번째 고도성장기에는 첫 번째 고도성장기 때와는 달리 잠업진흥기금을 마련하여 누에고치 가격 지지 및 수출장려 및 손실보상 등을 위해 사용하였다.

잠사류의 가격은 국제 생사 시세의 영향을 많이 받기 때문에, 항상 불안정한 상태에 있다. 국제 생사 가격이 폭등하면, 제사업자는 큰 이익들을 얻지만, 생사 가격이 폭락하면 제사업자는 큰 손실을 볼 수 있다. 이것은 양잠농가와 제사업자 간의 분배 문제와 제사업자의 수익 불안정성이라는 2가지 문제를 야기하였다.

1947년 12월 1일에 농림부는 수출품으로 중요한 부분을 차지하고 있는 생사의 생산을 자극하고 우량품의 생산을 촉진하기 위하여 생사의 가격통제를 해제하였는데, 생사의 생산 가격과 시중 가격 간에 엄청난 차액이 발생하게 되었다. 이것은 부당이득이라는 여론이 형성되어, 이 차액을 잠사류안정자금으로 적립하여 양잠농가에게 환원하자는 논의가 진행되었다. 이후 이 적립된 잠사류안정자금은 양잠농가에게 상묘 대금 및 잠종 대금 보조라는 명목으로 환원되는 조치들이 이루어지기도 하였다.

생사 가격의 변동에 대한 보다 체계적인 조치는 1963년 5월 14일 법률 제1342호로 공포된 「잠사가격안정기금법」에 의해 이루어졌다. 생사 판매(수출) 가격이 정부가 고시한 생사기준가격을 초과하거나 미달할 경우 그 차액의 1/2을 적립 또는 보상하도록 하였는데, 이것이 잠사가격안정기금이다. 이 「잠사가격안정기금법•」은 1971년 1월 19일에 공포된 「농수산물수출진흥법」에 흡수 통합되어 폐지되었다. 「농수산물수출진흥법」도 이윤이 좋은 지정 품목 수출 이익금의 1/2을 적립하도록 하였으며, 잠사가격

잠사가격안정기금법: 잠사 가격의 안정에 필요한 사항을 규정함으로써 양잠농가의 경제 향상과 생사 수출의 증진을 도모할 목적으로 1963년에 제정된 법.

안정기금은 잠업진흥기금으로 개칭되었다. 이렇게 마련된 잠업진흥기금은 현재까지도 운영되고 있다.

1984년까지는 잠사류의 수출과 관련하여 적립을 하였지만, 잠사류의 수출이 감소함에 따라 잠사류의 수출과 관련된 적립은 더 이상 이루어지지 않게 되었다. 1987년부터 1997년 동안의 적립금은 내수 견직물을 만들기 위해 수입한 생사와 관련하여 마련한 것인데, 국산 생사 판매 가격과 수입 생사 가격(제비용 포함)과의 차액을「내수용 생사 수입추천 세부지침」에 따라 잠업진흥기금에 적립한 것이다. 잠업진흥기금 조성액 중에는 이 밖에 1988~1996년 동안의 국고보조금이 있다. 1970년대 중반부터 일본의 수입규제와 더불어 생사 판매 가격 하락 등으로 인해 제사업체의 수익성이 악화되면서 자력으로는 누에고치 수매가 어려운 상황까지 이르게 되었다. 이에 따라 정부는 잠사업 진흥을 위해 정부가 잠업진흥기금에 출연할 수 있다는 잠업법 규정에 의거하여 출연금을 지원한 것이다.

이렇게 조성된 잠업진흥기금은 누에고치 가격 지지 등 농가 지원과 수출장려 및 손실보상을 위해 지출되었다. 잠업진흥기금은 1997년 잠업법이 개정되어 잠업진흥기금 관련 규정이 모두 사라지면서, 잠업사업자금으로 개정되어 대한잠사회•가 전담 운영하고 있다.

대한잠사회: 양잠, 상묘, 잠종, 제사업 등 잠사업 종사회원에 대한 지원 지도, 기술 보급 및 재발, 홍보, 조사연구와 잠사 관련 민간 행사 주관 및 대정부 위임사업 수행 등을 통해 회원의 복리 증진과 잠사업의 진흥 발전에 기여할 목적으로 1946년에 설립된 사단법인.

제1장에서는 양잠농가의 평균적인 소잠 규모의 추이에 대해 살펴보았는데, 여기에서는 두 번째 고도성장기에 초점을 맞추어서 양잠농가의 소잠 규모별 구성의 추이를 살펴본다. 1965년도에는 춘잠농가의 춘잠 소잠 규모는 0.9상자로 1상자에도 미치지 못하였다. 소잠 규모가 1상자에 미치지 못하는 농가의 비중이 92.1%에 달하였다. 5상자 이상을 소잠하는 춘잠농가는 0.5%에 불과하였고, 1~5상자를 소잠하는 춘잠농가는 7.4%였다. 제2차 고도성장기에는 양잠농가의 경영 규모가 커져 1975년에는 춘잠농가의 소잠 규모는 2.5상자로 늘었다. 소잠 규모가 1상자에 미치지 못하는 춘잠농가의 비중은 67.2%로 줄어들고, 1~5상자를 소잠하는 춘잠농가는 30%로 늘어났고, 5상자 이상을 소잠하는 춘잠농가도 2.8%가 되었다. 1상자 미만을 소잠하는 농가는 이후에도 지속적으로 줄어들어 1995년에는 9.8%밖에 되지 않았다. 1~5상자를 소잠하는 춘잠농가의 비중은 1994년에 58.9%에 이르렀다. 5상자

|그림 26| **춘잠 소잠 규모별 춘잠농가의 구성**

(단위: %)

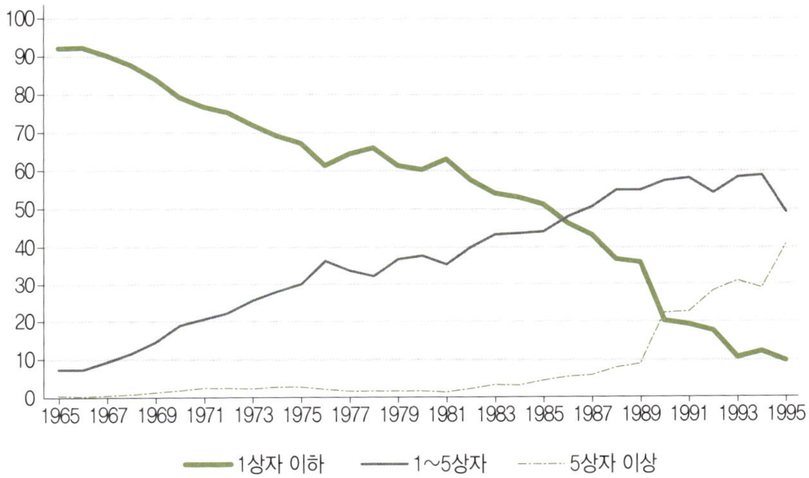

자료: 『농림수산식품통계연보』, 각 연도; 『농림축산식품통계연보』, 각 연도; 『농림수산통계연보』, 각 연도; 『농림수산주요통계』, 각 연도.

이상을 소잠하는 농가의 비중은 1989년까지는 완만하게 증가하였지만, 1990년 이후 빠르게 증가하여 1995년에는 40.9%에 달하였다. 1990년 이후 5상자 이상을 소잠하는 춘잠농가가 빠르게 늘어난 것은 가지뽕치기를 통해 가족노동만으로도 5상자 이상의 소잠을 하는 것이 가능하게 되었기 때문이었다.

뽕밭 규모별 춘잠농가 구성의 추이도 비슷한 추세를 보여 주기는 하지만, 약간 차이나는 점도 있

|그림 27| **뽕밭 규모별 춘잠농가의 구성**

(단위: %)

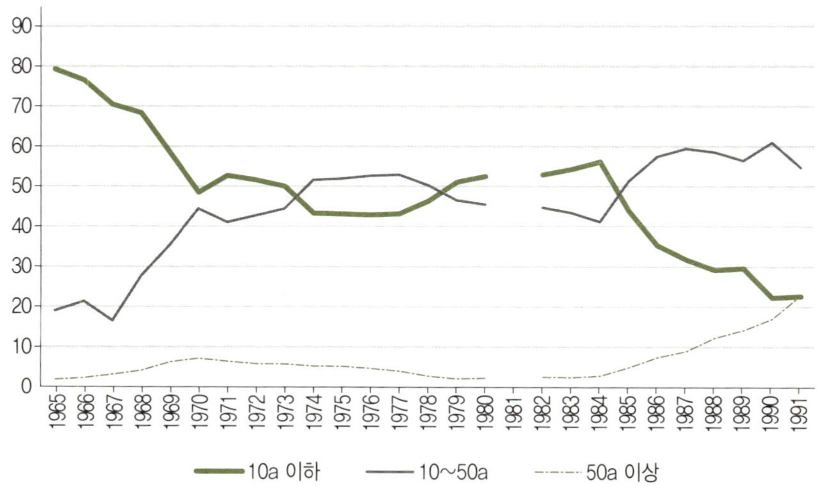

자료: 『농림수산식품통계연보』, 각 연도; 『농림축산식품통계연보』, 각 연도; 『농림수산통계연보』, 각 연도; 『농림수산주요통계』, 각 연도.

다. 뽕밭의 규모가 10a에 미달하는 농가의 비중이 1965년에는 79.2%였는데, 1960년대 후반기에 빠르게 감소하여 1970년에는 48.4%에 이르지만, 그 이후 1984년까지는 횡보하다가 1985년부터 다시 하락하는 추세를 보이고 있다. 10~50a의 뽕밭을 경작하는 춘잠농가의 비중은 1960년대 후반에 빠르게 늘어났고, 1984년까지는 횡보하다가 1985년 이후 상승하였다. 1980년대 후반에는 50a 이상의 뽕밭을 경작하는 춘잠농가의 비중도 빠르게 늘어나기 시작하였다.

첫 번째 고도성장기에 양잠농가가 양잠 규모를 늘리지 못한 주요 장벽은 거택 겸용 잠실의 협소함이었음을 지적한 바 있다. 두 번째 고도성장이 거의 마무리되는 시기인 1975년 말 잠실 설치 현황을 보면, 잠실 총보유동수는 9만 425동인데, 이 중 간이 잠실은 2%인 1,943동이고, 주택 겸용은 26.9%인 2만 4,336동이고, 전용 잠실은 70.9%인 6만 4,146동이었다. 식민지 시대와는 달리 전용 잠실이 대부분을 차지하고 있다. 주택 겸용 잠실의 협소함으로 인한 규모의 영세성에서 벗어났음을 보여 준다. 전용 잠실의 마련에는 앞서 언급한 잠실 건설에 대한 정부의 융자가 중요한 역할을 하였다.

수출시장의 변화와 잠사업의 재편

한국의 잠사업의 두 번째 고도성장이 막을 내리게 된 것은 무엇 때문이었을까? 고도성장을 이끌었던 국내 잠업 진흥 체계에 어떤 특별한 문제가 발생한 것은 아니었다. 국내 잠업에 대한 정부 정책이 증산 모드에서 감산 모드로 선회한 것은 1977년이다. 그 이후에도 생사 가격이 좋으면 다시 잠업을 진흥하려고 시도하였지만, 다시 고도성장은 재개하지 못하였다.

한국 잠사업의 고도성장을 종언하게 만든 첫 번째는 생사 수출시장의 변화이고, 두 번째는 국내 누에고치 생산 기반의 약화이다. 한국의 잠사업은 기본적으로 국내 시장을 배경으로 발전한 것은 아니었다. 1950년대 비단은 사치품이었으며, 국내에서는 억제해야 할 소비 대상이었다. 잠사업이 성장할 수 있었던 것은 수출을 통해 외화를 획득할 수 있는 경쟁적 요인을 가지고 있었기 때문이며, 이와 같은 경쟁적 요인을 기반으로 잠사업 산업생태계 전반이 살아날 수 있도록 정부가 적절한 진흥 정책을 추진하였기 때문이었다.

그러나 한국의 잠사업의 두 번째 고도성장을 가능하게 하였던 일본의 생사시장은 오일쇼크 이후에 규모가 축소되었다. 또한 인민공사체제로의 재편 및 대약진 운동으로 상징되는 중국의 사회주의적 계획경제는 국제 생사시장에서 중국이 부상하는 것을 막고 있었는데, 중소분쟁 이후 중국의 자본주의

|그림 28| **누에고치와 생사의 생산과 생사 순수출**

(단위: M/T)

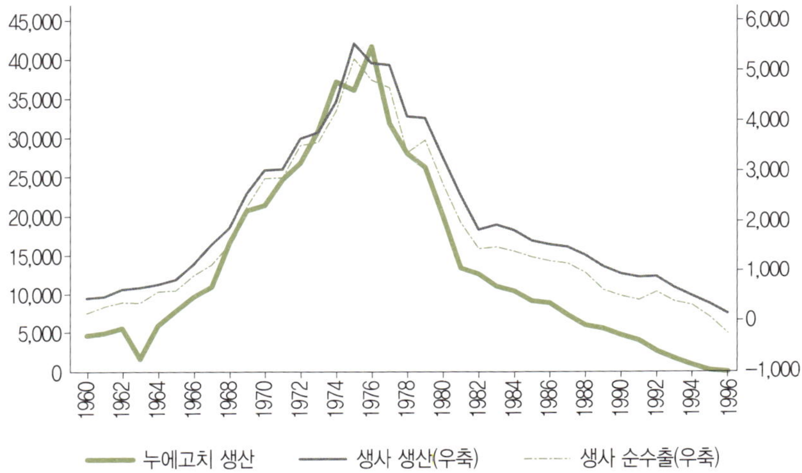

자료: 『농림수산식품통계연보』, 각 연도; 『농림축산식품통계연보』, 각 연도; 『농림수산통계연보』, 각 연도; 『농림수산주요통계』, 각 연도.

시장경제체제와의 무역 확대는 이후 데탕트와 개혁개방으로 이어지며, 국제 생사시장에서 중국의 부상을 가능하게 하였고, 한국의 잠사업은 이렇게 부상한 중국과의 경쟁에서 승리하기 어려웠다. 특히 중국은 2013년까지 도시화를 억제하며 막대한 농촌 인구를 배경으로 농가부업으로 이루어지는 잠사업을 진흥시킬 수 있었지만, 한국은 급속하게 공업화가 진전되고 대안적인 소득 획득 기회가 넓혀지고 있어서, 농촌에서 누에고치 생산 기반도 약화되고 있었다. 한국의 농민들은 이제 누에고치 생산보다는 도시화의 진전에 따라 수요가 늘어나, 수익성이 좋아지고 있는 채소, 과일, 축산물 생산을 늘리는 방식의 복합 영농을 추구하게 되었다.

잠사업의 두 번째 고도성장의 종언은 잠사업 진흥 정책의 실패가 아니라 국제 생사시장의 변화와 한국의 산업경쟁력의 구조 변화를 반영한 것이었다. 저임금에 기반한 양잠업의 빠른 쇠퇴는 양잠농가의 실패나 잠사업 진흥 정책의 실패 결과가 아니라, 저임금 산업으로부터 고부가가치 산업으로 한국이 빠르게 구조전환하는 데 성공하였음을 보여주는 것이라 할 수 있다.

나가며

20세기에 한국의 잠사업은 두 차례의 고도성장기를 가졌다. 첫 번째 고도성장은 식민지기에 일어났으며, 두 번째 고도성장은 1960년대와 1970년대 전반에 걸쳐 일어났다. 잠사업의 두 차례 고도성장은 몇 가지 공통점을 가지고 있다. 첫째는 수출산업으로 성장하였다는 점이다. 둘째는 잠사업이 발전하기 위해서는 잠종제조업, 상묘생산업, 양잠업, 제사업 간의 긴밀한 조정과 균형 있는 성장이 필요한데, 이와 같은 조정에 정부가 중심적 역할을 하였다는 점이다. 셋째는 생산성 향상이 높은 성장을 밑받침하였다는 점이다. 넷째는 두 차례의 고도성장 이후에는 모두 심각한 침체기를 경험하였는데, 침체를 야기한 것은 수출시장의 축소와 그에 따른 수익성의 감소였다.

20세기 한국의 잠사업은 한국의 농민 경제가 복합 경영으로 발전하는 데 대한 이해를 심화시킬 수 있는 좋은 소재이다. 이 책은 잠사업을 통해 한국 농민 경제의 복합 경영으로의 발전 및 그 특질을 파악하는 것에 역점을 두었다.

제1장에서는 잠사업의 특성과 장기적 추이에 대해 고찰하였다. 한국의 경우 조선시대까지는 양잠업, 제사업, 상묘생산업, 잠종생산업이 거의 분리되지 않고 농가가 일관적으로 수행하였지만, 개항 이후 우량 잠종과 우량 상묘가 도입되고, 양잠 기술이 발전하고 기계제사가 도입되면서, 이들 각각은 분리된 업종으로 분화되어 갔다. 20세기 들어 한국은 세계 3, 4위의 잠사국 지위를 차지하기도 하였는데, 한국의 잠사업이 국제적인 경쟁력을 확보할 수 있었던 것은, 양잠업, 제사업, 상묘생산업, 잠종생산업이 각각 분화되어 각 업종이 효율적인 형태로 되었을 뿐만 아니라, 이들 간의 거래에 내재할 수 있는 문제, 예컨대 자물쇠 효과 등을 효과적으로 해결할 수 있는 산업생태계와 그것을 지지하는 제도적 체계가 마련되었기 때문이었다.

20세기 잠사업은 세계의 주요 잠사 국가들이 수출시장을 차지하기 위해 치열하게 경쟁하는 시장이었다. 일본은 개항 이후 유럽의 선진적인 양잠 기술을 자국의 실정에 맞는 적정 기술 체계로 발전시켰으며, 중저가 표준품의 생사를 요구하는 미국 시장을 공략하는 데 성공하면서, 중국과 인도를 능가하는 잠사 국가가 되었다. 한국은 일본의 선진적인 잠사 기술을 수용하는 데 성공하였다. 기술적 측면에서는 일본에 미치지 못하였지만, 중국이나 인도보다 더 높은 수준에 도달하였다. 이와 같은 생산성 향상을 바탕으로 첫 번째 고도성장을 이룰 수 있었다. 1960년대부터 진행된 두 번째 고도성장도 생산성 향상에 기반한 경쟁력을 바탕으로 한 것이었다. 이 시기에는 일본의 양잠 생산성과 동일한 수준까지 올라설 수 있었다. 이 시기에도 한국의 잠사업은 수출산업으로 발전하였는데, 두 번째 고도성장을 가능하게 한 수출시장은 일본이었다. 오일쇼크 이후 일본의 생사시장이 축소되고, 중국이 세계시장 진출을 본격화하자 한국은 일본 생사시장에서 중국과의 경쟁에 밀리면서 빠르게 쇠퇴하게 되었다. 한국은 첫 번째 고도성장기에 빠르게 양잠 생산성을 향상시킬 수 있었다. 양잠 경영에 규모의 경제가 있었지만, 이 시기에는 양잠농가의 영세성을 극복하지 못하였다. 그렇지만 두 번째 고도성장기에는 양잠농가들이 영세성을 극복해 나가기 시작하였다.

제2장에서는 첫 번째 고도성장기인 식민지 시대 잠사업의 성장에 대해 고찰하였다. 조선시대에 잠사업은 양잠업, 제사업, 상묘생산업, 잠종생산업을 농가가 일관적으로 수행하였지만, 20세기에 들어와서 이 네 업종은 분화되었다. 이 중 양잠업은 여전히 농가의 부업적인 생산 활동으로 이루어졌고, 제사업의 일부도 재래적인 방법으로 이루어졌지만, 상묘생산업이나 잠종제조업, 기계제사업은 그 특성상 전문생산업자에 의해 기업적으로 경영되었다. 그런데 상묘생산업, 잠종제조업, 기계제사업은 각각 상이한 생산 활동이기 때문에 이를 한 기업이 일관적으로 행할 수는 없었다. 즉, 전문생산업자에 의해 기업적으로 생산되는 업종들과 농가의 부업적 생산 활동으로 이루어지는 양잠업이 결합한 것이다.

그런데 이와 같은 업종별 분화는 자연적으로 이루어진 것이 아니었다. 총독부의 강권적 재편이 이와 같은 분화를 가능하게 하였다. 총독부가 이와 같은 강권적 재편을 도모한 것은 재래적인 방식으로는 양잠업의 생산성이 너무 낮아 경쟁력 있는 상품이 될 수 없고, 개량 뽕나무와 우량 잠종을 사용하여 생산성을 높여야만 경쟁력 있는 상품이 될 수 있었기 때문이었다. 조선총독부가 강권적으로 증산을 추진한 것으로는 양잠업을 제외하면 대표적으로 육지면 재배사업을 들 수 있다. 양잠업 증산 정책은 육지면 재배사업을 비롯한 다른 업종에 대한 증산 정책보다 더 나은 성과를 보였다. 양잠업은 왜 상대적으로 더 나은 성과를 얻을 수 있었는가를 살펴보기 위해서는 조선총독부가 적극적으로 증산 정책을 펼쳤던 업종들과 깊이 있는 비교연구를 하여야 하는데, 이것은 후일의 과제로 남겨 두고, 이 장에서 고찰한 내용을 정리하여 둔다.

우선, 첫 번째 고도성장기에 조선총독부가 시행한 잠업 육성 및 진흥 정책에 대해 살펴보았다. 이 시기 고도성장은 양잠 생산성 향상이 밑받침하고 있었기 때문에, 양잠의 생산성 향상을 가져온 우량 상묘와 품종의 보급 실태, 양잠농가의 양잠 생산성을 높이기 위한 학습 체계 등을 살펴보았다. 식민지 시대에는 잠사업의 생산성이 빠르게 신장하였지만, 양잠농가는 양잠 경영의 영세성을 벗어나지 못하였다. 왜 이와 같은 영세성의 덫에서 벗어나지 못하였는지에 대해 살펴보았다. 이 시기 한국의 양잠업은 국내 수요를 대상으로 발전한 것은 아니고 수출시장을 대상으로 발전하였는데, 이와 같은 수출시장 개척을 가능하게 한 누에고치와 생사의 유통구조 형성 및 전개 과정에 대해 살펴보았다.

제3장에서는 두 번째 고도성장기인 1960년대와 1970년대의 잠사업 성장을 중심에 두고 고찰하였다. 식민지기에 전개된 첫 번째 고도성장은 미국과 일본의 생사시장을 대상으로 하여 전개된 것이지만, 미국의 생사시장은 대공황 이후 축소되어, 일본에서는 생사공황이 발생하였다. 당시 한국은 일본보다는 비용경제성이 있었기 때문에 일본과는 달리 전시기 이전까지는 쇠퇴하지 않았지만, 1945년 해방 이후 한국의 잠사업은 급격한 시장 축소로 인해 장기적인 축소 균형을 경험하였다. 그러나 1960년부터 다시 두 번째 고도성장을 경험하게 되었다.

이 시기의 잠사업도, 잠종제조업, 상묘생산업, 양잠업, 제사업 간의 긴밀한 조정이 필요하며, 특히 뽕잎의 증산은 상당한 시간이 걸리기 때문에, 잠사업 생산 종사자들이 시장의 기회에 빠르게 대응하기는 어렵다. 두 번째 고도성장을 경험하게 된 것은 이와 같은 문제를 해결하기 위한 정부의 적극적인 잠업 증산 정책이 있었기 때문이었다. 이 장에서 고찰한 내용을 제시하면, 우선 일본의 생사시장의 확대라는 새로운 성장의 기회를 살리기 위해 잠사업 생태계를 활성화시킨 정부의 역할이 중요하였기 때문에, 정부의 잠업증산계획에 대해 살펴보았다. 첫 번째 고도성장기에는 일본의 양잠 생산성과 절대적 격차가 지속되었는데, 그것은 식민지기에는 순뽕밭의 비중이 낮아 뽕잎 생산에서 생산성 차이가 있었기 때문이었다. 두 번째 고도성장기에는 일본의 양잠 생산성과의 절대적 격차를 해소하였는데, 뽕잎 생산에서의 생산성 향상이 일어나 일본과의 격차가 사라졌기 때문이다. 뽕잎 생산에서의 생산성 향상이 중요하였기 때문에 이것을 중심으로 양잠 생산성 향상에 대해 살펴보았다. 식민지 시기에는 양잠농가의 영세성을 극복하지 못하였는데, 그 핵심에는 양잠 경영을 확대하기 위해 필요한 장기적인 투자 능력이 양잠농가에게 없었기 때문이었다. 이 시기에는 양잠농가가 경영의 영세성을 벗어나기 시작하였는데, 그 배경에는 양잠농가에 대한 금융적 지원 체계가 있었다. 이와 같은 금융적 지원 체계를 고찰하고, 양잠농가의 경영 규모 변화에 대해 고찰하였다. 마지막으로 한국의 양잠업은 1976년을 정점으로 빠르게 쇠퇴하였다. 이와 같은 빠른 쇠퇴가 한국의 산업구조 조정에 시사하는 바를 살펴보았다.

20세기 한국의 잠사업은 한국의 경제성장의 특질을 파악할 수 있는 중요한 연구 대상이지만, 이에 초점을 맞춘 연구를 찾아보기는 어렵다. 이 책이 이러한 방향의 연구가 이루어질 수 있는 디딤돌이 될 수 있기를 희망한다.

참고문헌

김혜수(1989), 「일제하 제사독점자본의 양잠농민 재편성 구조」, 『경제사학』 13, 39~122.
농림부 농업경영연구소(1971), 『양잠업의 성장과정과 경영실태에 관한 분석』.
농림수산식품부, 『농림수산식품통계연보』, 각 연도.
농림축산식품부, 『농림축산식품통계연보』, 각 연도.
농수산부, 『농림수산통계연보』, 각 연도.
______, 『농림수산주요통계』, 각 연도.
______(1977), 『76년도 잠사업 성과』.
농수산부농특사업국(1976), 『75년도 잠업진흥사업성과』.
農村振興廳 蠶業試驗場(1977), 『蠶業硏究六十年』.
대한민국농림부, 『농림통계연보』, 각 연도.
대한잠사회(1963), 『한국잠업사』.
______(1971), 『잠사회25년사』.
______(1971), 『잠사업요람』.
______(1983), 『잠사업통계』.
______(1989), 『대한잠업사』.
______(1995), 『95년판 잠사견업통계연브』.
______(2000), 『잠사회80년사』, 동화인쇄공사.
______(2020), 『대한잠사회 창립100주년 기념집 100년 가치와 도약』, 대한잠사회.
류상윤(2008), 「대공황의 충격과 식민지 조선의 잠사 견직물업의 재편」, 『경제사학』 45, 45~76.
______(2013), 「식민지기 조선 잠사업의 관료적 재편－일본 잠사업과의 비교－」,

『한일경상논집』 64, 103~130.
박이택(2023), 「식민지 조선의 양잠업: 성장의 원천과 특질」, 『경제사학』 47(2), 143~188.
유엔식량농업기구 통계 데이터베이스(https://www.fao.org/faostat/en/).
이 연(2019), 「풍기인견에 관한 연구」, 단국대학교 전통 의상학과 석사학위 논문.
이영학(2022), 『일제의 농업생산정책』, 동북아역사재단.
잠사업진흥책수립용역단(1968), 『잠사업의 진흥책』.
충청북도 충북잠업사발간위원회(2007), 『충북잠업사』.
한국경제개발연구소(1965), 『한국잠업의 경제적 고찰』.
한국농업경제연구소(1968), 『잠업생산현황과 육성책』.
한국생사수출조합, 『제사통계연보』, 각 연도.
한국섬유산업연합회, 『섬유연보』, 각 연도.
한국잠사학회·농업과학기술원 잠사곤충부(2000), 『한국잠사기술발달 100년사』, 한림원.
農林省蠶絲局, 『蠶絲業要覽』, 各年版.
______(1935), 『養蠶に關する參考資料』.
______(1936), 『規模別養蠶戶數並郡市別養蠶狀況調査 昭和9年』.
______(1965), 『1965年版 蠶絲年鑑』, 日本蠶絲新聞出版部.
農林省總務局統計課, 『農林省統計表』, 各年版.
農林省統計情報部, 『農林省統計表』, 각 연판.
農林水産省農産園藝局蠶絲課(1998), 『蠶絲業要覽』.
農林水産省農産園藝局蠶絲課·蠶業課(1994), 『蠶絲業要覽』.
農林水産省農蠶園藝局, 『蠶業に関する参考統計』, 각 연판.
農商工部殖産局農務課(1910), 『朝鮮農務彙報 第2』.
朝鮮殖産銀行調査課(1929), 『朝鮮の繭』.
朝鮮總督府, 『朝鮮總督府官報』.
______, 『朝鮮總督府調査月報』.
______(1911), 『朝鮮の蠶業』.
朝鮮總督府農林局, 『朝鮮の蠶絲業』, 各年版.

朝鮮總督府殖産局,『朝鮮の繭に就て』, 各年版.
權赫泰(1997),「日本纖維産業の海外進出と植民地－日本と植民地朝鮮の絹業·綿業を中心に」, 一橋大學大學院經濟學研究科博士學位請求論文.
渡邊武繁(1931),「入選 當選論文」,『朝鮮蠶絲業ノ現在及將來ヲ論ズ』.
藤野正三郎·藤野志朗·小野旭(1979),『纖維工業』, 東洋經濟新報社.
藤井光男(1987),『戰間期日本纖維産業海外進出史の研究: 日本製糸業資本と中國·朝鮮』, ミネルヴァ書房.
山田正義(1934),『統制ある蠶絲業の朝鮮』, 明文堂.
長岡哲三(1933),『昭和7年度 養蠶經營態樣別經濟調査』, 日本中央蠶絲會.
平岡謹之助(1939),『蠶絲業經濟の研究』, 有斐閣.
清川雪彦(2009),『近代製絲技術とアジア』, 名古屋大學出版會.

찾아보기

[ㅇ]